恐怖実話
怪の残滓

吉田悠軌

竹書房
怪談
文庫

目次

あの人だ

二〇〇〇年代前半のこと。

ダイキさんは、都心で引っ越し先を探していた。

男の一人暮らしなので、交通の便さえ良ければいい。条件はそれほど厳しくないはずだが、部屋探しはずるずると長引いてしまった。

仕事が忙しく、不動産屋巡りや内見をする時間がとれない。ちょっと空いた時間に、スマホで物件探しをできるような時代ではなかったのだ。

「今の部屋の更新が迫っているから、そろそろ決めないとヤバいんだよなあ」

久しぶりに会った友人のAに、そうボヤいていると。

「俺も今住んでいるところが更新でさ、そろそろ出ていこうかと思ってるんだ」

代わりに入ってみないか？　と提案されたのである。

ふたつの大通りの交差点に建つマンションだという。夜中でも交通量が多いため騒がしいが、そのぶん利便性はすこぶる高い。仕事上、電車よりも車をよく使うダイキさんにとっては、ぴったりの立地だ。部屋は独り住まいにしては広めの2DK。建物自体の築年数が浅く、外観もしゃれている。

それでいて家賃が低い。破格といってもいい金額である。

こうなってくると逆に、なぜここまで安いのか、Aがなぜこんな好条件の部屋を引っ越すのか……といったところが気になってしまう。

「まあ、訳アリ物件ってやつよ。俺の前に住んでた人が、そこでお亡くなりに……っていうね」

彼自身、軽い気持ちから住んでみただけらしい。不動産関係の友人から「この立地、この広さで相場の半額、どうだ?」と打診され、外観だけ見て即決したのが、約二年前のこと。

「じゃあ納得ずくだったんだろ? まさかオバケが出て怖いから、なんて言わないよな」

ダイキさんが笑うと、Aは「そういうのはないんだけどな」と否定しつつ。

「モノがな、すぐ腐るんだよ」

しばらく住んでみて気づいたのだが、冷蔵庫の中の生ものや牛乳、買い置きしてある食材が、あっというまに腐る。また観葉植物を置いてみても、すぐに根っこから腐って枯れてしまうのだという。

「いや別に、前の住人のせいかどうかは知らんよ」

ともあれ自宅作業の多いＡとしては、食料が保管できないのは不便なのだ、と。

「引っ越し代の元はとれたから、もうそろそろ出ていこうかなあ」

「そういうことなら、俺は問題ないね！」

ダイキさんの仕事はいつも、外の現場のみ。家には寝るために帰るばかりだ。

だいたいモノが腐りやすいというのだって、先入観から心霊と結びつけているだけだろう。

そういった類のことを気にしない彼にとって、これは渡りに船の話だった。

数日後、ダイキさんはＡの部屋を内見しに訪れた。

「いいねえ、広いしきれいだし。お、バルコニーとかあるんだ」

「まあ、二階だからそんなに眺めはよくないけどね」

ビールを飲みながら、二人で部屋のあちこちを物色していく。

バスルームと洗面所もチェックする。腐敗しやすいという情報から湿気の強さを懸念していたが、特にそういったこともなさそうだ。

「俺、ここに決めちゃおうかなあ」

最後に残った洋室へと入っていく。

「あ、このクローゼットあると助かるなあ。俺どうしても衣装持ちになっちゃうから」

と、収納の引き戸を開けたとたん。

「うわっ！」

ダイキさんは悲鳴をあげ、後ろに飛び跳ねた。

そのままの勢いで、フローリングの床にしりもちをついてしまう。

「え、おい、なんだよ……」

家主のAに声をかけられ、とっさに顔を上げた。

目の前には、ただ上着がいくつかかけられた、なんの変哲もないクローゼットがあるだけだ。

「ちょっと悪い……外、外に一緒に出てくれないか？」

きょとんとした顔のAを連れ、マンション前の国道まで逃げるように飛び出した。

そして単刀直入に、こう質問したのである。

「……なぁ、××さんが死んだ部屋って、ここか？」

その名前を聞いたとたん、Aの顔がさっと青ざめた。

「わざわざ言うこともないと思って隠してたんだけど……知ってたのかよ」

いや、ダイキさんもその情報は知らなかった。

ただ見てしまったのである。さきほど、その××さんを。

目に映ったのはほんの一瞬だったが、それでもすぐにわかった。

ダイキさんは芸能関係のスタッフであり、××さんと直に会ったこともあるからだ。

彼女は有名な女優だったが、二年前、自殺によってこの世から去っていた。

まだ若くこれからのキャリアでの突然の逝去であり、ワイドショーなどでも大きく取り上げられていた。しかし、なまじ面識のあるダイキさんは、なるべくその情報に触れないよう仕事をしていた。周囲でも、大っぴらに彼女の死を話題にする人はほとんどいなかった。

だから、彼女が死んだマンションの住所など、まったく知らなかったのだ。

また仮にダイキさんが報道をチェックしていたとしても、知りえたのは「家具で首を吊った」という情報だけだったろう。

私も大まかに当時の新聞・雑誌・テレビ映像を調べてみたが、いずれも「家のどの場所で、どのように亡くなっていたか」までの詳細は報道されていなかった。

しかしそれでも、ダイキさんは目の当たりにしてしまったのである。

クローゼットの中に中腰で立っている、彼女の姿を。

・追記

この取材直後である。

先述の話を、怪談収集者として有名な西浦和也さんへ語る機会があった。

すると、なんという偶然だろうか。私の取材と同じタイミング（下手すれば同じ日）に、西浦和也さんの方でも、××さんの自殺に関係する情報を聞き及んでいたというのだ。

この女優さんの逝去はかなり昔のことである。二〇二一年現在、世間話にひょっこり出てくるというのは、滅多にない事態のはずだが……。

そして少なくとも、西浦和也さんが出会った方の言葉からすると、ダイキさんの見た光景は「事実」に近いものだったようだ。

かくれんぼ

昨年末、仕事部屋の大掃除をしていたら、書いた覚えのない原稿を見つけた。

なにげなく読んでみたところ、実話怪談の取材をまとめた文章ではあるようだ。

それを発掘した場所は、積み上げている中でも最下層の段ボール箱。一緒に入っていた書類（ネット回線の契約書や、電気水道の支払通知書）からして、二〇〇七年頃にプリントアウトしたものと推測される。

ただ私の中には、この原稿を書いた記憶も、「キョウコ」という体験者に取材した記憶も、いっさい消え去ってしまっているのだ。


さすがに、そんなものを私の作品として、または「実話怪談」として発表するのは差し障りがあるだろう。

当初はそう考え、いったん用紙そのものを書類ボックスの奥底へ投げ込んでおいたのだが……。

やはり結論をひるがえし、今回の発表にふみきることとした。

その理由は三つある。
①文体やWordファイルの書式を見るに、おそらく私の書いた文章に違いないこと。
②怪談仲間の「いたこ28号」氏に作品内容とともに確認したところ「吉祥寺の居酒屋『遊麗』での怪談イベントで、確かに吉田さんが語っていた」との証言を得られたこと。
特に②については、『遊麗』で定期的にイベント開催をしていた二〇〇七年頃と、時期がピンポイントで合致している。私自身が忘れているとはいえ、客観的事実と捉えてよいだろう。

どうもこの怪談は、私が取材・執筆したものであり、一度はイベントで発表した話でありながら、なぜか忘れ去ってしまった作品であるようだ。

ここはひとつ、「実話怪談」のルール上は不適切であることを正直に告白した上で、本書に掲載することを、読者にご寛恕いただきたい。

三つ目の理由については、怪談の後で説明させてもらう。

「……なんで今まですっかり忘れてしまっていたのか……。……もしかしたら、自分が変になっているだけかもしれません。でもとにかく、今はもうハッキリと、あの時の記憶がよみがえってしまっているんです……」

＊　＊　＊

そんな前置きをしてから、キョウコは自らの思い出を語りはじめた。

あれはそう、彼女が小学四年生だった時の夏休みだ。

中学生の兄と、その友だち、そしてキョウコと、彼女の友だちの男の子。四人で隣町にある廃墟へと遊びに行ったことがある。子どもたちの間で、「ヤマモトさんの家」と呼ばれている心霊スポットだ。昼間に行う、ちょっとした肝だめしのつもりだった。

そこは二階建ての一軒家で、壁も古びておらず、廃墟になってからそれほど年月は経っていないようだった。元々はヤマモトさん一家が住んでいたが、全員死んでしまってから空き家になっているのだという。

「三年前、父親が家族を皆殺しにして、自分も自殺しちゃってな。それからずっと無人のままらしいぜ」

目的地に向かう道すがら、兄が笑いながら説明した。おそらく、というか完全にでっちあげの嘘だろう。そんな大事件があったら、ご近所中ひっくりかえるほどの騒ぎになって、私たちが知らずにいられる訳がない。

でも小学生だった自分は素直に信じてしまった。男が三人もいなかったら、怖ろしすぎて入れはしなかったろう。

もちろん玄関の鍵はかかっていたが、割れた窓から侵入することができた。

内部もそれほど荒らされていなかったが、やはり空気はじめっとよどんでいる。家具や食器などの生活用品が残っていたのも、なかなか不気味だった。

「茶碗なんか置いてあるじゃん」「押すんじゃねえよ!」「なにビビってんだあ」

騒ぎながら一階部分を探索すると、いよいよ階段を上がっていく。

二階は二間あり、最初に入ったのはどうも子ども部屋のようで、ランドセルやノートが散乱していた。そこをひと通り見渡すと、一行は奥の部屋へと入っていった。

ところが、そこだけまったくがらんどうの和室で、なにひとつとして物が置かれていない。古くなって歪んだ畳の他は、押し入れと納戸の収納スペースがあるだけ。

「なんだ、つまんねえ」「じゃあ、もう行くか」

誰からともなく、帰ろうという雰囲気になった、その時である。

……ドンドンドンドン
真下の一階から、足を踏み鳴らす音が聞こえてきた。

「やばい！」「誰か来たぞ！」

ここを管理している大人か、近所の人が呼びだした警察か。とにかく見つかったらマズいことには変わりない。あせって顔を見合わせる間にも、足音は階段へと近づいてくる。

ドン、ドン、ドン、ドン、ドン
そのまま、二階へと上がってくる響きが伝わる。

「ダメだ、隠れろ！」

四人は急いで押し入れと納戸を開くと、二手に分かれて中に飛び込んだ。

押し入れの下に隠れたのが、キョウコたち兄妹。その上には兄の友人。そして納戸にはキョウコの友だちが入っていった。

ドン、ドン、ドン……

二階まで上がってきた足音は子ども部屋を通り過ぎ、四人がいる和室の前までやってきた。押し入れの闇の中で、自分と兄はじいっと息をひそめ、足音の主がどう出るかをうかがう。

ところが、外からはなんの物音も聞こえてこない。和室の入り口でピタリと止まったまま、待てど暮らせど静寂が続くだけ。しびれを切らした兄が、ほんのちょっと押し入れの襖《ふすま》を開き、外の様子をうかがう。人の姿は見えない。もう少しだけ襖を開く。やはり、なんの気配もない。

思いきって、廊下が見えるまで隙間を広げてみる。しかしそこは、先ほどと同じようにがらんどうの和室が広がっているだけだった。

そのまま飛び出した兄につられて、自分も上の段にいた友人も、押し入れの外へと出ていく。

「おい、急いで帰るぞ！」

もう三人とも、誰かに見つかるのではという恐怖でいっぱいだった。兄と友人は足早に部屋を出て行こうとする。

「ちょっとお兄ちゃん！　待ってよ！」

この騒ぎが聞こえないのだろうか、まだ納戸に隠れた友人が出てきていない。しかし兄は、そちらを指さす自分にイラついた声を投げる。

「なにがだよ！　いいから行くぞ！」

妹の友だちを置いていくなんて、とんでもない人たちだ。そんな憤りにかられたキョウコは、納戸にかけより、扉を激しくノックした。

「やめろ！　なにやってんだ！」と、兄がこちらの肩をつかむ。

「だって置いてったらかわいそうでしょ！」怒ってその手を振りほどく。

「……お前、なに言ってんだ。そこに誰がいるってんだよ」

真顔になった兄が、勢いよく納戸を開いた。

そこはただ、黒ずんだ板張りが見えるだけの、四角い空間でしかなかった。

「え……でも、あの、あの、○○くんは……」

納戸に入ったはずの、彼の名前を出した。そう、あの時確かに、自分は彼の名前をしっかり呼んだはずだ。

しかし兄もその友人もきょとんとするばかり。

「だってもう一人いたでしょ、私の友だちの、○○くん……」

「はあ？　うちら三人でしか来てないだろ！」

いや、あの子は一緒のクラスで……家はあそこらへんに住んでて……それで今日、私と遊ぶ約束してたけど、お兄ちゃんたちにここに行こうって誘われて……。

そんな説明をしどろもどろにするが、兄たちは聞く耳を持たない。

「いいから、もう出るぞ！」

もうなにも反論できず、急かされるまま廃屋を後にするしかなかった。

それからずっと、一緒にいたはずの男の子が気になっていた。

彼の名前と見た目、何回か遊んだこと、家がどのあたりにあるのか。

それはまだしっかり覚えていた。しかし兄たちはおろか、家族や学校の先生、同級生たちにいくら尋ねても、その存在がまったく忘れ去られていたのだ。

まるで最初から、そんな子などいなかったかのように。

一緒に遊んだ家があるはずの場所にも行ってみた。それでも、彼の名字と同じ表札も、記憶にあるような建物も、なにひとつ見つからなかった。

それだけではない。

「……私自身も、どんどん彼のことを忘れていったんです……。たぶん一ヶ月もした頃には、彼の名前も、遊んでいた記憶も……。みんなと同じように、あの友だちが、初めからいないことになっていました……。

というよりも……つい最近まで、あの廃墟で彼がいなくなった事件そのものを……つまり今お話しした出来事を……すっかり忘れていたんです」

それから十三年の月日が経った。

例の廃屋はボロボロになったまま放置されていたが、最近になってようやく取り壊され、駐車場として利用されることとなった。

ただその解体工事に際して、ちょっとしたトラブルがあったそうだ。いや、トラブルというほど大げさなものではない。別に会社にも警察にも届ける必要のないような、「なんとなく気味悪いこと」があっただけだ。

キョウコはそれを、工事関係者の友人から聞きおよんだ。

——あの家を取り壊した時、二階の和室の納戸から、奇妙な物が見つかった。

小学生くらいの子ども服と、その上に乗っていた、四本の歯。上下左右それぞれの奥歯だった。

人体の一部なので、現場では多少騒ぎになったが、問題ないだろうと判断された。

それらはすべて、乳歯だったからだ。

残留物が散らかっている廃屋のこと、昔住んでいた子どもの乳歯をとっていただけだろう。そう思われて、工事は滞りなく続行された。

ほんの少し気味悪いことが起きた、ただそれだけのこと……。

「でも私は……その話を聞いた瞬間、思い出したんです。それまですっかり忘れていたのに……あの時、納戸に隠れた、あの男の子のことを……」

キョウコの奥歯がはえかわったのは、小学六年生ごろだった。

「だから、あの子も納戸の中で乳歯が抜け落ちたんじゃないかって……」

今では時おり、友だちだったはずの男の子の、顔や声が記憶によみがえりそうになる時もある。

でもやはり、彼がなんという名前だったかだけは、どうしても思い出せないのだという。

＊　＊　＊

蛇足ながら、私がこの原稿発表に踏み切った、第三の理由について説明させてもらおう。

キョウコという体験者と同じく、取材者である私もまた、なぜかこの怪談（体験）をすっかり忘れてしまっていた。

そして同じく「十三年後」に思わぬところから、その思わぬところから、その怪談が発掘されたのだ。

そこに奇妙な偶然の一致を感じたからである。

いや、そんなことはただのこじつけであり、ひたすら個人の感想に過ぎない。

ただ、私はこんな風に思ってしまったのだ。

この怪談は、話そのものが「かくれんぼ」するように、現れては消え、また現れる存在なのだろう。

だから、ふいに現れたこの瞬間を逃さず、世間に発表しておいた方がいいだろう、と。

このキョウコという体験者も、同じことを考えたからこそ、私に体験談を語ってくれたのではないだろうか。

かぶりもの　その1

カズオはこれまでに二度、「よくわからないもの」と出くわしている。

それは明らかに生きている人間ではなかった。かといって幽霊なのか、妖怪だったのか、それもよくわからない。とにかく、「よくわからないもの」としか呼びようがないのだ。

一度目の出会いは、小学二年生の頃。友だちの家に遊びに行こうと、男の子三人で近所を歩いていた時のことだ。

途中、線路をこえるために大きな陸橋を渡っていく。その階段を下りきったところは、地域のゴミ捨て場になっている。まだ午前中だったので、たくさんの家庭ゴミが捨てられているのが見えた。

その中にひとつ、興味をひくものがあった。

やけに大きな段ボール箱が、さかさまに置いてあるのだ。

「段ボールって、ゴミに出す時つぶさなくちゃいけないんだよ」

友だちの一人が、そう言い出した。

自分たちの腰の高さまである箱が、開け口を下にして、そのまま放置されている。確かにルール違反だよなあ、と思って見つめているうち、カズオは奇妙な点に気がついた。

こちら側を向いた一面にだけ、ふたつの穴があいている。五百円玉ほどのサイズで横並びに二か所、段ボールが丸くくりぬかれている。さらにそれだけでなく。

「あれ、目じゃないか?」

ふたつの穴の奥から、人間の目がじいっと、こちらをのぞいているのだ。

「……なにやってんだ、あの子」

イタズラっ子が、段ボールをかぶってふざけているのだろうか。あそこに隠れてじっと待ち、人が通りがかったらいきなり飛び出ておどろかす、というような……。

それはそれでおかしなことではあるのだが、箱のサイズからして「子どものイタズラ」と思った三人は、あまり恐怖を感じていなかった。

カズオたちは、段ボール箱に向かってゆっくり近づいてみた。

ガタッ! ガタガタガタガタ……

そこで突然、箱が横方向へ、小刻みにふるえだしたのである。

「おっと」

思わず後ろにとびのいた。

まるで犬や猫が、むやみに触ろうとする子どもに対して近寄るなと警戒しているような、そんな動き方だった。

「もういいよ、行こう……」

不意をつかれたせいで、最初の好奇心はしぼんでいった。まだガタガタと揺れる箱を無視し、友だちの家へと急いだ。

その家でわいわい遊んでいるうち、三人とも、あの変わった箱のことなど忘れてしまった。

そうして夕方、家に帰る彼らは、また同じ道を通ることとなる。

例のゴミ捨て場の前にさしかかった時である。

カズオたちは思わず、ぎょっと立ちすくんだ。他のゴミはすっかり回収されていたのに、なぜかあの段ボール箱だけが残されていたからだ。

「……中に……まだ誰か入ってるか?」

夕焼けに照らされた箱に近づいてみるが、さっき人の目が見えた穴の向こうは真っ暗だ。

さすがに、もういなくなったか……。カズオはその場でしゃがみこんで、同じ高さからまっすぐ穴の中をのぞいてみた。その瞬間である。

「うわあっ!」

目玉が下からぐいっと出てきて、自分の視線と合わさった。

ガタガタガタガタガタ……

そしてまた同じように、箱が横へとふるえだす。

「なんだこいつ！」

午前に続いて、またも驚かしをくらってしまった。腹を立てた三人は、半円状になって箱をとり囲んだ。いっせいに箱をつかんで、中のやつを表に出してやろうと考えたのだ。

そのまま、じりじりと距離を詰めていく。

バタ、バタバタバタバタバタバタ……

こちらの思惑を察知するかのように、それまで横に揺れていた箱が、大きく前後にふるえはじめた。

ふざけている様子ではない。威嚇なのか怯えているのか。今まさに殺されようとしている獣が、必死に抵抗しているというほどの勢いだ。

あまりに動きが激しいので、ときおり下の部分が地面から浮いてしまう。

バタバタ……バタンッ！

吹き飛ばされたように宙に浮いた箱が、そのまま地面にひっくりかえる。

「え……？」

三人ともが、言葉をうしなった。

その中には、誰もいなかった。からっぽ、だった。

ただ、さきほどまで箱が置かれていた箇所に、意味不明の痕跡だけが残されていた。

玉ねぎの皮やリンゴの食べかすなど、少量の生ゴミが、アスファルトの上に散らばっていたのである。

かぶりもの　その2

カズオが二度目に「よくわからないもの」と出くわしたのは、つい最近のこと。

仕事先から終電で帰ってきたカズオは、駅から家までの道のりをとぼとぼ歩いていた。

埼玉県の郊外にある町だ。駅の先に小さな大学があるものの、深夜ともなれば人通りはほとんど見当たらない。ましてやその夜は、小雨がさらさらと降っていた。

霊園や大学の方へと続く、静かな坂道をのぼっているうち、ふと目の前が気になった。

坂の中腹あたり、街灯下の道路に、人間のシルエットが横たわっていた。どうも、誰かが倒れているようだ。

(危ねえなあ……酔っぱらいが寝ころんでるのか?)

しかし近づいていくにつれ、本当に「人間」なのかどうか怪しくなってきた。

それはただ、ビニールシートが、寝ころんだ人の形になっているものだったからだ。

工事現場で使うような青いシートが、両端や真ん中など、ところどころロープで縛られている。中身はなにも見えないが、頭から足先までぴったり張られたシートは、奇妙なまでに人の形にまとまっている。

　おそらくマネキンでも入っているのだろう。

　もしくは大学が近いので、美術部だか演劇部だかの学生がつくったオブジェが、粗大ゴミとして捨てられているのだろうか。

　しかし万が一、酔っぱらいがシートをかぶったまま寝ているのだとしたら……。車も通る道路の真ん中に放っておく訳にはいかない。

　いちおう、なにが入っているかだけ確かめよう。カズオはビニールシートのふくらみのうち、足にあたる部分を、そっとつま先で触れて確かめてみた。

「あれ？」

　意外にも、シートはそのままへこんでいった。念のため、もう少し上の太もも部分を踏んでみたが、やはりそこもガサガサ音をたてながら、下につぶれていくだけ。

　人間どころかマネキンもなにも、中に入っていないのだ。どうやったのか知らないが、空気のふくらみだけで人の形をつくり、さらにそれが崩れないよう、器用に上からロープを巻いたということになる。

（上手につくったもんだなあ）

　妙に感心しつつ、カズオはその場を後にした。そして、坂道をのぼりきったあたりで。

――ガサッ
ビニールがこすれる音が聞こえた。思わず振り向き、坂の下へと視線を向ける。

「……えっ」

ビニールシートのかたちが、変わっている。

自分が触れた下の部分はつぶれたまま、上半身のふくらみだけが、九〇度の角度に起きあがっているのだ。まるで人間が座っているかのように。

顔も目もないのに、まるでこちらを見つめているように感じられた。

「なに、え……？」

そこで、ばさり、とシートがたおれた。

ぺしゃんこになったビニールシートが、地面に広がっている。

もう人の形には見えないし、動いている様子もない。中に入っていた空気か「なにか」が抜けてしまったように。

ざざ、ざ……

そしてその「なにか」が、シートの下からはい出て、坂をのぼってくる。

ざざざざ……

地面をこするような音が聞こえる。

とっさに脳裏にひらめいたのは、かたちをなさないガスのような気体が、なにかの意思をもってこちらに這いのぼってくるイメージだった。

あわてて傘を閉じたカズオは、全速力で家まで駆け抜けた。

これら、カズオの見たふたつの「からっぽ」。

なんの意味もなく現れて、いきなり消えてしまう、よくわからないもの。

それ自体はなんのかたちも持っていないので、なにか「かぶりもの」をしなければいけないもの。

そうした「からっぽ」は、意外と街のあちこちに潜んでいるのだろうか。

きれいな井戸

喫煙室に入ってきたヒグチさんが、開口一番こんなことを言い出した。

「ちょっと聞いてよ。実家で大変なことがあって……」

ユキコはベンチの位置をずれて、ヒグチさんのためのスペースを空けた。

二〇〇五年夏、ちょうどお盆の連休が明けた日だった。

ヒグチさんとユキコは、会社の喫煙所仲間だ。こちらは契約社員、向こうは正社員のキャリアウーマンだが、なんとなくウマが合っていたのだろう。休憩がてら、長々とおしゃべりを続けることもよくあった。

そしてヒグチさんは有能な人だ。大学進学で名古屋に出てきて、その後も大企業で颯爽と働いている。この時にしても、ユキコに帰省中の出来事を説明するため、あらかじめ時系列などを整理してきたようだった。

「まず私の家族について話しておくと……」

彼女の実家は長野県で農家を営んでいるという。口ぶりから察するに、豪農とすらいえるだろうか。周囲に広大な土地を持つ、昔からの地主のようだ。

屋敷に住んでいるのは両親、祖母、兄夫婦とその小学生になる娘。現在は長男である兄が農家の跡目を継いでいるという。

「その家、私が子どもの頃の時に大規模なリフォーム工事をしているんだけど」

するとそのとたん、家族が体調不良を起こしたり、農作業や商売にまつわるトラブルなど、偶然にしては過ぎるような不幸が続いたらしいのだ。

これは家に手を入れてしまったせいではないか？　屋敷の中に、動かしてはいけない神棚や祠などがあったのではないか？

母はそう思ったらしいが、父や祖母に聞いても、なんら心当たりがないという。母自身は和歌山から嫁いできているので、この家の歴史についてはまったく知識がない。

仕方なく、母は近隣で評判の拝み屋のところにいった。図面や土地関係の書類を持ち込んで、家相を診てもらおうとしたのである。

「ああ～これ、リフォームで水場の位置がおかしくなっているね。でもこれはね、これこれこういう風にすれば問題なくなるよ」

結論からいえば、このアドバイスは功を奏した。拝み屋の指示通りに改装しなおしたところ、諸々のトラブルがあっというまに解決したのである。確かにこの時の問題についてはは、リフォームによる水場の配置換えに原因があったのだろう。

ただし、問題はここから。

拝み屋のおばあさんは図面をにらみつけながら、まったく別の指摘も行っていたのである。

「水場の方はそれで大丈夫。ただね……こっちはどうにもならない」

そう言って指さしたのは、家の敷地からずっと離れた一角。生活スペースではないものの、ヒグチ家が所有する農地に置かれた、ひとつの「井戸」だった。

「この井戸は、ひどく悪い。でもお祓いするなんて無理。私には拝むこともできない。もちろん誰も使っちゃダメだよ」

本当になにひとつできないから、とにかく触れるな、近づくな、関わり合いになるな。

「井戸の障《さわ》りは、女にだけ出るからね」


心配した母がさっそく父・祖母にたずねてみたところ、「ああそんな井戸もあったね」といった反応。

昔からずっと使用していない井戸で、存在すら忘れていたほどだったという。言われなくても近づきも触れもしていないので、その点については問題ない。

ただそう警告された以上、万が一にでも近隣住民が使わないよう注意しておいた方がよいだろう。

他人の敷地の井戸を使う住民などいないはずだが、念のため「あの井戸は使わないでくださいね」と近所に釘をさしてまわったのだという。

「でも、それから三年くらい経った頃かなあ」

ひとつの事件が勃発した。

少し離れたところに住んでいる若夫婦。その奥さんがとんでもないことをしていると、近隣から通報があった。

なんと例の井戸で、赤ん坊のオムツを洗っているらしいのだ。

いや、目撃者によれば、それは洗濯というよりも「ほうっている」との表現がふさわしかった。糞尿のついたオムツをつるべに入れ、井戸の水中にひたしては引き上げるといった行為を、何度も何度も繰り返していたらしい。

「どうしてそんなことされたのか、ぜんぜん意味がわからなかったんだけど」

若夫婦には、井戸の使用禁止を伝えていなかったかと思う。しかし彼らの住まいは隣近所というには離れていたし、ヒグチ家となんの関わりもない間柄である。わざわざそんなことを通達する方が不自然だったからだ。

それよりなにより、奥さんの行動が理解不能だ。田舎とはいえ、もちろん各家に上下水道は完備されている。自宅から離れたところにある、古ぼけた未使用の井戸を選んで、オムツを洗いに来るなど不自然きわまりない。

面倒くさいから、水道代を節約したいから、などといった理由ではないはずだ。この井戸に糞尿を入れて汚してやるという、確固とした黒い意志を感じてしまう。

そしてこれを境に、ヒグチ家の女全員が体調を崩してしまった。母も祖母も、小学生だったヒグチさん自身も、原因不明の熱や腹痛に襲われたのだという。

「いや、考えすぎかもしれないよ。そんなことされた精神的ショックもあっただろうし。井戸の障りが女にくるって刷り込まれてもいたし……」

ただ、こちらの過剰反応とだけでは片付けられない事態も起こった。

それから間もなくして、例の奥さんが急死した。旦那と幼い子どもを残して、突然の病気により他界したのである。

そして不思議なことに、奥さんの死と入れ替わるようなタイミングで、母・祖母・ヒグチさんたちの体調はみるみる回復していったそうだ。

「それ、けっこうヤバいやつじゃないですか……」

もはやユキコは、話についていくだけで精一杯だった。

「前置き長くてごめんね。で、ここからが本題なんだけど」

三本目のタバコに火をつけながら、ヒグチさんが言った。

「お盆で帰ったら、実家が大騒ぎになっててさあ」

あの井戸に、二十年ぶりの問題が起きていた。今度は、水の中に「生肉」がほうりこまれたらしいのだ。

しかも犯人は、例の夫婦の旦那の方である。

もちろんヒグチ家の人々がさんざんに抗議したのだが、

「夏で暑いから、肉を冷やしていたんだ」

憮然とした顔でそう吐き捨てるのみ。とりつくしまもない。

奥さんの死後、彼がどういった生活を送っていたのかわからない。ともかく、成長した子どもが家を離れた後のここ数年は、周囲から「話の通じないおかしなジジイ」として疎まれていたそうだ。

まだ五十歳前後のはずだが、白髪まみれでげっそりと痩せた姿は老人そのもの。長年、病を患っているせいもあるだろうが、最近は精神まで病んでしまったようで、絶えず近隣トラブルを起こしているらしい。

「とにかく、まともに話ができる状態じゃないから。逆恨みされても怖いし、もう二度としないって約束させるくらいしかできないよね」

しかし一度でも生肉をほうりこんでしまったことは取り消せない。今後どうなってしまうのか、非常に心配しているのだが……。

というところで、ヒグチさんの話は終わった。

「ええ〜。そんなことあったんですねえ……」

ユキコが返せたのは、そんな無意味な言葉だけだった。


それから五ヶ月ほどが経った。

翌二〇〇六年の一月。今度は正月明けの仕事初めの日である。

例によって喫煙室でヒグチさんと会ったユキコは、話の続きを聞くことが出来た。

「年末年始に実家に帰ったら、やっぱり井戸の障りが起きててさ」

祖母も母も、ずっと心身の不調を訴えている。家を出た自分には影響なかったようだが、帰省したとたん具合が悪くなった気がしないでもない。それだけならまだ我慢できるのだが、小学生の姪まで体調を崩しているというのだ。

さすがにこれは見過ごせない。ヒグチさんは自ら音頭をとって、大晦日に家族会議を開いた。

「今まで、井戸のことは放置したままだったけど、これはまずいんじゃないの。自分たちはまだしも、小さい子にまで影響が出てるんだよ」

ただ、とにかく手をつけるなと言われている井戸である。どういった対処が適切なのか、家族たちにもわからないのだ。

「とにかく、正月に神主さんを呼ぼう」

もちろんお祓いではなく、ただ井戸のヌシに挨拶するというかたちで拝んでもらう。そんな儀式を、氏神となっている神社に頼んで、執り行ってもらったのである。

「そしたら、どうなったと思う?」

ヒグチさんが、こちらを見つめながら、つまんだタバコを揺らす。

え、どうしたんですかと尋ねるユキコに、彼女はニカッと微笑んで。

「ジジイが死んだ」

井戸を拝んだ、すぐ翌日である。生肉を放り込んだ旦那が急死した。ずっと体を患っていたので異常事態というほどではないが、それにしてもタイミングが良すぎる。

そしてやはり、彼の死によってこちら側の事情も急変した。数ヶ月続いた病状が消え、ここ数日ですこぶる快調になっていくのを、家の女全員が自覚しているそうだ。

「それは良かったですけど……なんなんですかその井戸。怖くないですか」

オブラートに包んだ言い方をしたものの、ユキコが怖く感じたのは、ただ「井戸の障り」だけではなかった。

――なんだかこの話は、色々といびつな点が多すぎる。

正直に言って、家の女たちの体調不良は、霊障と呼ぶには微妙ではないかと思う。ヒグチさんの言う通り、気にしすぎたことによる不定愁訴という面が強いだろう。

とにかく気持ち悪いのは、その夫婦である。

オムツや生肉なんて、そもそも井戸に入れるものではない。明らかな嫌がらせで、触れてはいけない井戸を汚そうとしたのだろう。

でも、その夫婦は、なぜヒグチさん一家を攻撃したのだろう。自分たちに危険が及ぼうと構わないほどの激しい恨みを、いつどこで抱いてしまったのか？　また、そんな恨みを持っているにしては、妻と夫の行為に二十年ほどのタイムラグがあるのも不自然だ。

まあ、そこは人間関係にまつわること。他人の自分には推し量れない事情があるのかもしれない。ヒグチさんが語っていない事実もあるのかもしれない。

そんなことよりも、だ。

そもそも、どうして皆がこんなにも「井戸の障り」を信じ込んでいるんだ？

他所から嫁いできたお母さんが、たまたま拝み屋に相談したところから始まった話である。ずっと前から家にいた祖母ですら、その井戸についてなにも知らなかった。ましてや例の夫婦や近隣住民などは、井戸の存在にすら気づいていなかっただろう。

拝み屋さんがなにも言わなければ、障りもなにも起きなかったのではないだろうか？

「その井戸はさ」

ヒグチさんは、こちらの質問に答えるかのように、それでいて独り言のようにつぶやいた。

「水が澄んでて、すごくきれいなんだ。井戸自体も、なぜかすごくきれいなんだよ。あまり近寄っちゃいけないから、誰も掃除してないんだけどね」

その美しさ清潔さを思い出しているのだろうか。ヒグチさんは、うっとりした目つきで遠くを見つめている。手に持ったままのタバコの灰が、だんだん長くのびていく。

「なにかが」ヒグチさんが言葉を続けた。

「なにかが、周りをぐるぐるぐるぐる回っているんだ。ぐるぐるぐるぐる……。だからそのおかげで、水にも井戸にも、汚れが積もらないんだ」

ヒグチさんは、そのなにかを見たのか？　見ていないのか？

どちらともとれる口ぶりだった。ユキコもそれ以上は確認しなかった。

ただ、おそらく、そのなにかのせいなのだろう。

そいつが井戸を「すごくきれい」にしているから、聡明なヒグチさんも、その家族も、例の夫婦たちにしても、井戸にこだわり続けるのだろう。

あまりにきれいな井戸だからこそ、それが汚れるのを怖れる心が生まれてしまうのだろう。

また逆に、あまりにきれいだからこそ汚したいと思う人も、出てきてしまうのではないだろうか。

そんなきれいな井戸が、長野のどこかに、あるそうだ。

けものみち

フミエはその夜、友人たちと車を走らせていた。

二十代前半の男二人女二人による、あてのない深夜のドライブ。そんな時は往々にして、心霊スポットへ行ってみようなどと、誰からともなく言い出すものだ。

「そういえば、浅間温泉のところに変な廃墟あったよな」

「あれでしょ？　〝人肉館〟」

「ジンニク……なにそれ？」

「焼き肉屋の廃墟なんだけど。山の上にあるから、ぜんぜん客が入らなくて」

「牛肉を買うお金もなくて、最後の方は人間を殺して、その人肉を出してたらしいよ」

「ええ～なにそれ……ヤバすぎるでしょ」

もちろんそんな噂、教える方も聞く方も、誰一人として信じている訳がない。これから始まる冒険に向けて、空気を盛り上げようしているだけだ。

くだらない会話を交わしているうち、車は山の方へと入っていく。

カーナビの指示によれば、そこから廃墟までは二十分ほどのはず。なのだが、いくら車を走らせても目当ての廃墟が見えてこない。

「なんだこれ、どういうこと……？」

暗闇のカーブをひたすら曲がり続け、一時間も経とうかというところでようやく。

「ヒダリニ、マガリマス」

ナビの音声が車内に響く。確かに左側を見れば、細い側道が暗闇の奥へと延びている。

「……え、ここ、ちょっと前までお店やってたところなんでしょ？」

案内されたのは、雑草だらけの空き地だった。そんな草むらの間に、わずかな地面が露出して、轍《わだち》が通っているような部分がある。さっきまでの道路とはまったく違う、でこぼこの未舗装路だ。

「この、けものみちを進めって……そんなはずないよね」

こんなところを通れば車が傷つくし、下手したらパンクの危険もある。なにより周囲は街灯どころか月明かりも届かない、真の暗闇だ。いきなり崖下にでも転落したらたまったものではない。

「もういいよ……帰ろう」

フミエの提案により四人は心霊スポットをあきらめ、もときた道を引き返すことにした。

くねくねと曲がりくねった峠道を、今度はふもとの方へおりていく。

その車中、後部座席のフミエはぼうっと外を眺めていた。路面には黒々としたタイヤのブレーキ痕が幾つもついている。地元の走り屋たちが、車を乱暴に転がした跡だろう。

夜の山中、灰色の道路についた、黒い汚れ。そんな単色の風景に、ふと鮮やかな色味がちらついた。向こうのカーブミラーの下に、オレンジ色をしたなにかが置いてある。

なんだろう。通り過ぎる時、目をこらしてゾッとした。

献花だ。

まだ供えられたばかりであろう、鮮やかなオレンジ色の花束が、地面に置かれている。

誰かがここで事故ったのかな……。

山道はまだまだ続いていく。他の三人は楽しそうにおしゃべりしているが、フミエはなんだか気乗りせず、黙りこくってしまった。

曲がりくねった道には、あいかわらずたくさんのブレーキ痕がついている。すると、カーブミラーの下の地面に、オレンジ色をした花束がぽつりと置かれているのが見えた。

うわあ、ここでも誰か事故に……？

またいくつかのカーブを曲がる。その路面には見覚えのある模様のブレーキ跡。そしてカーブミラー、きれいなオレンジ色の花束。

……なぜ、さっきから、ずっと同じものばかりが続くのだろう。

頭の後ろがぞわぞわと粟立つ。そういえば、おしゃべりを続けていた他の友人たちも、だんだん口数が少なくなっている。

するとまた先ほどの急カーブ、路面についたブレーキ跡、カーブミラーの下のオレンジ色の花束……。間違いない。まったく同じ光景が繰り返されている。

これでもう四回目だ。この時点になると、誰一人として声を発するものはいなくなっていた。

しいん、とした車内にエンジン音だけが響く。沈黙をやぶったのは、運転手の男だった。

「……同じ道、ぐるぐるまわってるよな?」

しかし誰一人として返事をせず、黙りこくったまま。

車はまた、同じカーブミラーと花束を通り過ぎていく。一本道を走っているはずなのに。でも、このまま進めば、また数分後には、ここに戻ってきてしまうだろう。

フミエのみならず、車内の誰もがそう思っていた、その時。

「危ない!」

助手席の男が叫び声をあげた。一瞬の後、キイッと強くブレーキが踏まれる。

いつのまにか前方に、大きな鹿がたたずんでいたのだ。尻をこちらに向けて立ち、ふり返るように車の方へ頭を向けている。暗闇の中、ライトの反射で、その瞳がぎらりと輝く。鹿は車におびえることなく、道の真ん中で微動だにしない。

停止した車内から、全員が鹿をじいっと見つめた。鹿もまたふたつの光る目で、こちらを見つめ返している。

「……なにやってんだよ、あいつ」

鹿が道から動かない限り、車を出すことができない。ただでさえおかしな状況なのに、足止めをくらってしまったかたちだ。四人に焦りがつのる。

そこで、ふいに鹿が歩きだした。といっても道からはずれたわけではない。前に向き直って、のそのそ動いただけだ。それに合わせて、こちらも車をゆっくり進める。

しかし少し進んだところで、鹿はまたぴたりと止まってしまった。「おいおい」とぼやきつつ車を止める。するとまた鹿が少しだけ前に進むので、車もついていく。

まるでどこかに案内されているようだ、とフミエは思った。

それを何度かくりかえした後、鹿がぴたりと立ち止まった。そして山の方に向かって、しきりに首を動かしはじめたのだ。

そちらに視線をやると、草むらの中に細い道がのびていた。最初にカーナビに案内されたのと同じような、藪《やぶ》だらけの「けものみち」だ。

——ざざざざざざざ！

すると突然、ものすごい音が近づいてきた。

驚いて窓の外に目を向ける。無数の黒い影が、車の横を通り過ぎていく。

それは鹿、イノシシ、リスなど、山の生き物たちだった。

さまざまな大きさの、何十匹もの動物が、大急ぎで「けものみち」へと入っていくのである。

呆然としながら眺めているうち、動物たちは道の奥へと消えていった。そして一頭だけ残った鹿も、こちらにコクリとうなずいた後、同じ道を走り抜けていった。

「……どうする？」

「……行ってみよう」

動物たちの後を追いかけるように、車を「けものみち」へ進入させる。土と石だらけの道にガタガタ揺られ、木の枝がフロントガラスにぶつかる。

そうしてしばらく進んでいくと、いきなり視界が開けた。

車のすぐ前に、アスファルトの道路が横切っている。

過去に何度も通ったことのある、見慣れた大きな国道だ。

「帰れた！」

全員で喜びながら、車を国道に左折させる。そして全員が、今来た方向を振り返ったのだが。

そこには、高い木々がみっちりと茂っているだけだった。車が通れるような隙間など、どこにもありはしない。

通ったばかりの「けものみち」は、すっかり消えていたのである。

こぶさん

三重県の鈴鹿川にほど近い、とある小さな集落。

その村の片隅にはずっと、ぼろぼろに朽ち果てたバラック小屋がたたずんでいた。丈高い雑草の茂みに覆われながら、一九九〇年頃に取り壊されるまで、忘れられたように放置されていた。

それは、死体を焼くために使っていた小屋だった。


ずっと昔、その村には「こぶさん」と呼ばれる家に住む、「こぶさん」という人たちがいた。

今となっては、本当の氏名はわからない。

当家に生まれた男たちは必ず、体いっぱい瘤で覆われていたため、そんな愛称で呼ばれていたそうだ。だから村人たちは、家そのものを「こぶさん」と指していたし、そこに住む男たちのことも「こぶさん」と呼んでいた。

なんだかややこしいけれど、とにかくそういうことだったのだ。

さて、戦争が終わって間もなくのこと。

「こぶさん」の家の家長だった、六十歳ほどの「こぶさん」が亡くなった。

当時、村で出た遺体はすべて、川の近くの焼き場小屋にて荼毘《だび》に付すこととなっていた。小屋の中に石を組んで竈《かまど》をつくり、その中に薪を大量に並べる。そして石の上に棺桶を乗せ、桶ごと遺体を焼いていくのである。

この役目を担うのは、青年団から派遣された男たち五、六人。若年のものが多いうえ、葬儀のプロではないので、遺体を焼くことに慣れている訳ではない。作業中はずっと酒を飲んで、死体と接する恐怖を抑えるのが通例となっていた。想像するに、「若者たちの通過儀礼」という側面もあったのではないだろうか。

こぶさんはあちこちに大きな瘤があるためか、普通の人より焼けにくい。棺にぴったり接地しないため、どうしても熱が伝わりにくいのだ。

そのうち棺桶が燃え尽きて、こぶさんの遺体が丸見えになってしまった。それでも、背中の方しか焼けていない。

「どもならん」「しゃあないな」

酔った勢いもあり、通常とは違う方法を試すことになった。長い棒を二本使って、エイヤッと遺体をひっくり返し、生焼けの面を下にするのだ。

がんがんに薪をくべ、焦げてきたら、また反対の面にひっくり返す。

彼らの弁によれば「サンマを焼くように、ころころ、ころころ転がした」という作業を一晩続け、ようやくこぶさんは骨になった。

その頃にはもう、皆へとへとになっている。途切れなく酒も飲んでいたのだから、なおさらだ。

骨がすぐ横にあることも気にせず、一人二人、うつらうつらとうたた寝をしかけていた、その時。

「皆さん、ご苦労かけました」

小屋の入り口から声をかけられた。外に男が立っている。まだ陽がのぼっていない暗がりだが、特徴のある姿から、誰なのかはすぐに見て取れた。

「ほんまに、ありがとうございました」

こぶさんの息子のこぶさんが、挨拶にきたのである。

「しんどかったで~。こんなん初めてやったわ……」

酔っ払った若者たちは、彼の父親がどんなに焼けにくかったか、延々と息子に愚痴をこぼしていった。

息子のこぶさんは、うんうんと頷き、頭を下げ、また薄闇の中に戻っていった。

その日の朝には、葬式が始まった。

式は滞りなく進んでいき、中休みのような時間となる。

そのタイミングで、青年団の団長が、喪主の息子へと頭を下げに出向いた。

「先ほどは、どうも、すんませなんだな。うちの若い衆が愚痴なんてこぼしてからに……」

今朝がたの非礼を詫びたところ、息子はぽかんとした顔で、こう返したのである。

「私は行ってないですよ？　式の準備で、挨拶いく暇はありませんでした」

亡くなったこぶさんと息子は、親子だけあってよく似ていた。

小屋を訪ねたのは、こぶさん本人だったのだろう。焼くのに手間をかけたことを謝り、最後に挨拶にきてくれたのだろう。

村中の人々が、そのように噂したという。

その後すぐ、この辺鄙《へんぴ》な村にも進駐軍がやってきた。例の焼き場小屋を見た米兵が「なんて野蛮で不衛生なんだ」と怒り、すぐに閉鎖されてしまった。

そしてその小屋は五十年ほど、廃屋のまま放置されていた。


時が流れ、息子のこぶさんも亡くなった。

そのタイミングで聞き及んだのが、以上の話となる。

「息子も瘤がいっぱいだったけど、今だったら、機械で綺麗に焼けるんだろうねえ」

話をしてくれた人は、そんな言葉で締めくくっていた。

ゾンビさん

外科医のイソノ先生が教えてくれた。

絶対死んでいるはずなのに生きている人は、意外に多いそうだ。

「ここだけの話ですがね」と前置きしつつ。

「ゾンビさん。私は、その人たちのことを、そう呼んでいます」

イソノ先生は、救急病院で当直のバイトもしている。

そこには救急車で搬送される患者の他に、自分でタクシーや電車に乗ってくる人もいるそうだ。「なんだか調子が悪い」という自己判断で、救急外来を訪れるのである。

「そういう人たちはたいてい、更年期障害だったり、精神的な病気である場合が多数ですね」

だからこの前、自分で歩いてやってきたオジさんについても「また例のパターンかな」と思いつつ診断してみたのだが。

皮膚が黒い。一見して驚くほど、真っ黒だ。

肝臓が悪い時の黄疸《おうだん》とは違う。黒褐色に非常に濃い黄色がブレンドされた、見たことのない黒色。なんというか……生き物としてありえないような肌の色。

さすがに変だなと思い、色々と問診してみる。

「こんなに食欲が無いのは初めてでして」「けっこう頭がフラフラするんですよね」「まあ、吐き気みたいなのはありますな」

オジさんは、日常の細々した違和感をまくしたてる。

つまり会話の成立する意識レベルということだ。普通に考えれば、重症患者ではなさそうである。

違和感を覚えつつも、看護師に静脈からの採血を依頼する。

ところが、いつまでたっても検体がこない。

振り返ると、看護師が困り果てた顔で立っていた。そして小声で、こうささやいてくる。

「血液が返ってきません。針は刺さります。点滴も体に入ります。でも注射器をひいても、血がほとんど入ってこないんです」

「……じゃあ仕方ない。動脈から採血してみよう」

この処置は看護師にはできないので、イソノ先生自ら行う。患者を寝かせて、脚にある太い動脈から採血を試みる。確実に血圧で返ってくるはずなのだが、それでもようやく、ドロリとした血液が吸い込まれるだけ。

また、その状態が奇妙なのだ。

静脈の血は赤黒い。動脈の血は真っ赤である。ところがシリンダーを見て驚いたのだが、「もう真っ黒！　黒い血なんですよね」

外科医なので毎日のように血を見ている。だからもう一瞬のテクスチャーでパっとわかる。通常の血液がもつ、ぷりっとした表面張力の勢いがなく、べたりと寝そべった液体なのだ。

とりあえず検査に出して項目を見ると、明らかにすべてが異常値。

これは危険すぎる。大急ぎでＩＣＵのある病院に送った。

当然といおうか、オジさんはその後すぐに亡くなった。それでも数日はぴんぴんしていたらしいのだが、どうやって生命活動を維持していたのかが不可思議だ。

「気になったので、データを改めて検証したんですが、まあ一言で表現すると血液が腐っている。ああ、これは死体の血液なんだ！　と」

イソノ先生は検死の経験も多くある。自治体にもよるが、自宅にて心不全で急死した人などは、警察が医師へと調査依頼を行ったりもする。

そうした場合は心臓に針を刺して、そこに溜まった「心臓血」を抜いて調べる。

その時の血と、まったく同じなのだ。血球の成分がすべて壊れているということである。

「病名もなにもわかりません。そんなデータ、資料として見たことがない。そもそも活動できるはずないから、人間どころか生物の血ではないんです」

そんな人でも、普通にしゃべりもすれば、歩いて電車に乗っていたりもする。

ひょっとしたら今もなお、世界中のいたるところで「ゾンビさん」たちが増殖しているところなのかもしれない。

たしなめ

チエコは父子家庭で育った。

家族は父と自分の他に、上の兄と下の弟がいるだけ。男ばかりの環境である。父も仕事で留守にしがちだ。そしてなにより、お兄ちゃんが中学・高校と上がるにつれ、地元で有名な不良になっていった。

そんなチエコの家が、悪い子たちのたまり場になってしまったのは、ある意味で仕方ないことだろう。

チエコが中学一年生の時。

いつものようにお兄ちゃんの不良仲間が、大勢で家に押しかけてきた。

といっても、ヤンキー漫画に出てくる悪のアジトのような、殺伐とした暴力的な雰囲気ではない。

そうとうにモテる兄だったので、グループ内はむしろ女子の数の方が多め。もちろん不良だから酒は飲む。バカ騒ぎもする。たまに不純な行為もしていたようだが、乱暴な感じではなかったはずだ。

むしろ、浮ついた大学生たちの家飲み、といったイメージの方に近いだろうか。

だからその日は、チエコも一緒に飲み会に混じり（といってても自分はジュースだが）楽しくおしゃべりしていたのである。

「お～い、酒なくなっちゃったぞ」

宴会が進むにつれ、酒もタバコもお菓子もあらかた尽きてしまった。

「じゃあ、うちらコンビニ行ってくるけん」

お兄ちゃんと弟、そして兄の友人一人という男グループが買い出しに向かう。チエコの他、三人の女の子たちが、家に残されるかたちとなった。

「酔っちゃったね～」

少しだけ年上の彼女たちも、ご機嫌な様子だ。

と、そこで天井の蛍光灯がチカチカチカチカ……と点滅した後、ふいに消えた。他に照明はないので、部屋の中がすっかり暗くなる。

「やだ、停電？」

しかし家の玄関灯や近くの街灯は変わりなく明るいまま。考えにくいことだが、天井の器具についた四本の蛍光灯が、同じタイミングでいっせいに寿命を迎えたのだろうか？

「なんか明かり、持ってくるね」

チエコが立ち上がりかけたところで。

突然、窓ガラスががたがたと揺れ、壁ごしに重く低い音が響いてきた。

「地震？」「いや、違うよ」

ぐおおおおお……という音と振動。それが、全方位からいっぺんにではなく、右、前、左と順繰りに移動している。

まるで暴風のかたまりが、家の周囲をぐるぐる周っているようだ。

続いて、ガシャンガシャンという甲高い音が響いた。

家の外に置いた大量の空き瓶や空き缶が、どんどん倒れて転がっているようだ。

「え、え、なにこれ」

チエコたち四人は、あわてて縁側の窓を開き、外の様子を確認してみた。

そこで、ピタリと風の音が止んだ。

地面にはやはり、ゴミ捨てのため並べておいたガラス瓶とアルミ缶が散乱している。

「ちょっと、あれ！」

誰かが上の方を指さす。縁側の斜め上にある、二階のベランダ。

そこに人影が立っている。

見えるのは、ほぼシルエットだけ。それでも長い髪の、大人の女性だということはわかる。

そしてその女が、自分たちの方を向いているらしいことも。


「ここで悪かことせんっていったやろ！　ここで悪させんって約束したよね！」


女が、そう叫んだ。

細かい言い回し、方言のイントネーション、同じ内容のリフレイン。そのすべてを今でもはっきり覚えている。

そしてその怒鳴り声は、他の三人にも聞こえたようだ。

全員で悲鳴をあげ、もといた部屋の奥へと逃げ込む。

薄暗い中、身を寄せ合って震えているうち、ようやく男たちが帰ってきた。

「買ってきたぞ〜」

お兄ちゃんが玄関から声をかけたとたん、ぱっと天井の電気がついた。

「お前らなにやってんだ？　女同士でいちゃつきあって」

たった今あったことを説明し、男たちを庭へと連れ出す。

しかしベランダの女はすでに消えていた。それどころか、瓶も缶も倒れておらず、元あった場所にきちんと並べられているのだ。

酒のせいではない、確かにさっきまで電気も消えていたし、暴風が吹いて瓶や缶が倒されていた。女の影もその声も、全員が見たり聞いたりしていたのだ。頼むから信じてほしい……。

興奮ぎみに主張する女子たちに対し、兄はすこぶる冷静だった。

「あ～、うちの母ちゃん、出るんだよ」

チエコたちの母親は、彼女がまだ幼い時に亡くなっている。

だから自分と弟は、母の背格好や声をほとんど覚えていない。顔にしても、遺された写真でうかがい知るのみだ。

ただ、五つも歳の離れた兄は、母との思い出をそれなりに胸に留めているようだ。

「母ちゃんが死ぬちょっと前、約束させられた記憶はあるんだよな」

この家では絶対に悪いことをしない、と。

「だから約束やぶると、出てくるみたい」

例えば、こんなこともあった。

少し前、お兄ちゃんがナンパした女の子二人を家に連れ込んだ。こちら側は兄と男友だち、男女二対二の飲み会である。

初対面ということもあり、さすがに行為に及ぶまでにはいたらなかった。酒も入って眠くなり、いつのまにか雑魚寝のようにして四人がうとうと眠ってしまったのだという。

「ねえ、ごめん……」

ふいに、女の子二人が、兄をゆさぶり起こしてきた。

「ちょっと、うちら帰るわ」

「……え、どうして？　朝まで付き合うって言ってたのに」

目をこすりながら兄が問いただすと、

「いやあ……」気まずそうに女たちが顔を見合わせる。

「今さっき、あんたのお母さんが来てさ。『あんたらの家も心配しているけん、はやいうちに帰りなさい』って」

厳しい声で怒鳴りつけられたというのだ。

「いや、うちの母親死んでるけど」

からかうな、と怒る二人を仏間に連れていき、仏壇の遺影を見せてみる。

「これ、この人！」

女たちは震えあがって、逃げるように家を飛び出してしまった。


そうした出来事がもう十回以上も続いているので、兄は慣れっこになっているそうだ。

「お兄ちゃん、なんでそんなことがあったって、私に言わんのよ？」

「言わんでもいいかなと思って。俺だって母ちゃんが出たところ一度も見てないし」

どうも母親は、この家に来た女の子たちの前にしか姿を現さないらしい。だから兄も、彼女らの証言を聞くことでしか、母の出現を確認していないのだ。

「なぜか、連れこんだ女の前にしか出てこんのよ」

言われてみれば先ほどだって、チエコの前にではなく、周りの女子たちに向かって現れただけかもしれない。そもそも顔だって、はっきり見せてくれた訳でもないし。

母の死因は自殺である。家の敷地にある農機具の小屋で、首を吊って死んだ。

おそらく、心の病によるものだろう。

しかし具体的な理由は、チエコが大人になった今でもわからない。父親にも兄にも、これまで一度も詳しく聞いたことがない。

「まあ母ちゃんも、俺たち子どもの前には出にくいのかもしれんな」

もしかしたらお兄ちゃんは、母が死を選んだ理由を知っているのかもしれないが。

テコン島の怪

徴兵制を敷く国には必ず「兵役怪談」がある。シンガポールもその例に漏れない。

リーさんによれば、むしろ「学校の怪談」よりも「兵役怪談」の方が多いくらいだという。思春期を脱していない若者たちが、閉鎖空間で二年も生活をともにするのだから、まあ当然だろう。

またシンガポールは国土が狭いため、演習の敷地が、どうしても墓場や離島ばかりになってしまうことも、怪談の発生を助長しているらしい。

リーさんからは多くの兵役怪談を聞いたが、そのうちのひとつを紹介しよう。

彼自身がテコン島にて体験した出来事である。

テコン島は国内二番目の大きさだが、島内全域が軍事施設のため一般人は立入禁止。その代わり、兵役についたばかりの若者たちが訓練する場所として有名だ。

その夜、リーさんとパートナーの二人は、物資を運ぶ任務についていた。

まずトラックで船便が到着する港に出向き、積み込み作業をする。そして指定された軍事施設に向かうのだが、これが港とは真反対の位置にある。

しばらくの間、テコン島のジャングルを突っ切っていかねばならないのだ。

真夜中の木々に囲まれながら、トラックを走らせる。

運転はリーさんが担当していたのだが、

「おい、もっとスピード出せよ」

助手席のパートナーに指摘されて気がついた。メーターを見れば、時速三十キロほど。これでは確かに速度が遅すぎる。

「了解」と思いきりアクセルペダルを踏み込む。ぐうううう……とエンジンが唸りをあげる。窓外の景色がみるみる流れていく……かと思いきや。

「あれ？」

いっこうにスピードが上がらない。いったん足を離して、また強く踏み込む。エンジンの回転数が上がる。しかしあいかわらずメーターの針は「30」を指したまま、ぷるぷると細かく震えるのみ。

これはおかしい。軍で整備されているトラックだ。前兆もなくいきなり故障するなんてことは、まずありえない。

「タイヤになにか挟まってるんじゃないか？」

二人でトラックから降り、タイヤの周囲を隅なく確認してみる。しかしリーさんの側にはいっさい異常は見られなかった。

「そっちはどうだ？」とリーさんが顔を上げる。

「いや、特に……」車体の向こうにいる相方が、そう言いかけた瞬間。

彼の顔と体が、はっと硬直するのが見えた。その視線は、自分の背後を射貫いている。

思わず振り向いたリーさんの目にも、それが飛び込んできた。

ずっと後方。真っ黒な木々の上に、コントラストをなすかのような白い布が浮かんでいる。

いや、布ではない。白い服を着た「女」だ。

長い黒髪の女が、直立した姿勢のまま、ふわりと宙に浮かんでいる。

とっさに前へと向き直ると、こわばった顔のパートナーがこくりと頷いた。

二人同時にトラックへと乗り込み、大急ぎで発進させる。

「寮だ！　寮に行け！　早く！」

いちばん近くの施設まで逃げ込もうと、パートナーが叫ぶ。

こちらもそのつもりで、力の限りアクセルペダルを踏んでいる。

しかしどうしても速度が上がらない。先ほどよりも遅い歩みで、がたがたと未舗装の道路を進むのみ。

振り向きたくないのに、つい何度も背後を確認してしまう。

そのたびに、白い女がぴったりと同じ間隔でついてくるのが見える。空中を滑るように飛んでいて、黒い木々を背景にしていても、その長い黒髪がたなびいているのがわかる。

「急げ！　急げ！」

胃がねじ切れそうになりながら、前かがみでハンドルを握り、ペダルを踏み続ける。

と、ふいに目の前が開け、周囲がぱあっと明るくなった。

――がくん
車体がひと揺れしたかと思うと、突然、速度がのりはじめる。

今度は逆に猛スピードに近くなったため、あわててペダルから足を離し、後方を確認した。

ちょうどジャングルを抜けたところだった。

木々が途切れ、夜空が広がり、月明かりがあたりを照らしている。

白い女は、もうどこにもいなかった。

「あれは、ポンティアナックですね」

リーさんは私に、そう言った。

マレー半島で最も有名な、女の妖怪（幽霊）である。「髪が長くて白い服を着ているから、そうに違いない」とリーさんは思っているらしい。

まあ確かに、シンガポール人が同じ体験をしたならば、誰もがそう判断することだろう。

しかし私も初めて知った。

ポンティアナックは、月明かりに弱いのか。

てて

もう十年以上も前、ヨシエさんが働いていた保育園での話。

七月の、ある晴れた日のことだったという。

園の庭にはプールが出され、子どもたちが水遊びを楽しんでいた。

夏の青空から、まぶしい日射しが注いでいる。はしゃぎ声をあげながら子どもたちが水しぶきをたてる。そこに太陽の光がキラキラと反射して、虹色に輝く。

そんな様子を、ヨシエさんは園児のA子ちゃんとともに、部屋の中から眺めていた。

A子ちゃんも水遊びが大好きだったが、その日は軽い熱があったため、一人だけ保育室で待つことになってしまった。

「ヨシエせんせい、おままごと、しよ」

見ているだけではつまらなくなってしまったのだろう。後ろから、A子ちゃんが手をひっぱってきた。

「そうだね」

ヨシエさんが振り返ると、まぶしい外の庭から急に保育室の中を向いたせいで、一瞬目の前が暗くなった。

視界がぼんやりとしたまま、二人で部屋の奥へと歩く。壁に面した道具棚の中に、おままごとセットが入っている。

それを取り出そうと、棚の引き戸をカラカラと開ける。

「……っ！」

瞬間、ヨシエさんは息をのんだ。

おままごとセットの入った、両手でやっとかかえあげられるほどの大きな箱。

その上に、白く小さな足が二本、横たわっていたのだ。

おもちゃではない。膝から下の部分、すねや足の指まで、明らかに人の足そのものだ。

とはいえそれは、子どもの足にしてもあまりに小さく見える。

横にいたA子ちゃんも、びくりとかたまったのが伝わる。

「A子ちゃ……」

思わずA子ちゃんの方へ目をやったヨシエさんは、また絶句してしまった。

A子ちゃんの膝から下が、ぽっかりと消えていたからだ。しかしその上の体は、いつもとまったく変わりない。

まるで宙に浮かんでいるような形で、A子ちゃんがいる。そのまま痛みもなにも感じていないように、ぼうっと箱を見つめている。

ヨシエさんが声をかけようとしたところで、A子ちゃんが、すっと後ろへさがった。

そしてこちらを見て「あぁぁ」と泣き声をあげた。

「……ヨシエせんせい、てて！　てて！」

それだけ言うと、後はただ大声で泣きじゃくるばかり。そんなA子ちゃんをあわてて抱きしめ、ヨシエさんは背中をさすり続けた。

「大丈夫、大丈夫だからね」

訳もわからないまま、くりかえし、くりかえし、なだめ続けた。

五分ほど、そうしていただろうか。ふと見ると、箱の上の足はいつのまにか消えていた。

視線を落としてA子ちゃんの足元を確認すると、そちらも元通りの姿に戻っている。

A子ちゃんも落ち着いたようで、ひくひくとしゃくり上げながら、抱きしめているヨシエさんからはなれた。

そしてこちらの手をにぎり、こう尋ねてきたのである。

「ヨシエせんせい、てて、いたくないの？」

「……手？　いたくないよ？　なんで？」

「さっき、てて、とれてたでしょ」

どうやらA子ちゃんと自分とでは、まったくちがうものを見ていたようだ。

A子ちゃんによれば、箱の上に横たわっていたのは、肘から先の手が二本。

そして両手が消えていた、ヨシエさんの姿だったのである。


現在、A子ちゃんは高校生となり、青春を楽しんでいるようだ。

共通の知り合いは多いが、これまで彼女が足を大怪我したなどという話は、いっさい聞こえてこない。

ヨシエさんもまた、大きな事故や病気にあうこともなく、その両手は無事なままである。

……今のところは。

犬まるまる戦死しました

シバタ君は友達の紹介で、塗装会社のアルバイトをすることになった。

男性の職人ばかりの会社なのだが、社内の空気は、ちょっと驚くほどの異様さだった。

いや、けっして悪い意味ではない。他に見たことがないくらい、従業員たちの仲が良かったのだ。

それこそ最初のうちは、皆が皆、恋人同士なのかと勘違いしていたほどだったという。

とはいえ、コミュニケーション能力の高いシバタ君は、その中でも上手く立ち回っていた。むしろ、皆に甘やかされていたとすら言えるだろう。

人あたりの良さとは別に、だらしなさもシバタ君の特徴だ。バイトが面倒くさい時には、すぐに仮病で休んでしまうのだが、そんな彼に対しても、

「体調が悪いなら無理しなくていいぞ」

職場の先輩たちは一度も怒ることがなかったらしい。

ただ、そうした環境が、シバタ君の悪い面を加速させてしまったのも事実だった。

彼の怠慢は日に日に度を超していき、仮病の嘘をつく手間すら惜しんで、無断での遅刻欠勤を繰り返す。そしてついには事務所に置いてある少量の金を窃盗するようになってしまったのである。しかも二度、三度と。

もちろん、この悪事はすぐに露呈した。金が紛失するのは、いつもシバタ君が事務所にいるタイミングなのだから当然だ。「さすがにこれは見逃せない」と判断した常務から、呼び出しをくらうこととなる。

昼過ぎ、職人たちが出払った無人の事務所に立たされたシバタ君。

目の前には自席に座る常務。そして隣には、なぜかバイト仲間のホソダ君も立っている。シバタ君と同じタイミングで入った男の子だが、彼もまた事務所に呼び出されていたようだ。

常務は大人の落ち着いた態度で、淡々と事実関係を問い詰めていった。幾つも揃った状況証拠を、シバタ君にもわかるよう丁寧に説明する。さすがに言い逃れできないと悟ったシバタ君は、自らの窃盗を白状した。

すると常務は、これまで見たことのない険しい顔になって、

「根性を叩き直してやる」

そう言って立ち上がり、シバタ君とホソダ君を事務所奥の空き部屋に連れていったので

ある。

「え、ホソダ君もですか……?」

事務所に呼ばれた時点で、自分が説教を受けるのはうすうす覚悟していた。しかし同僚の方にはなんの落ち度もない。実際、ホソダ君自身も、先ほどからきょとんとした顔で、この状況に無理やり付き合わされているようだ。

常務は質問になにも答えず、二人を部屋に入れた後、扉の鍵をガチャリと閉める。

「飲め。飲んだらこれを読め」

まずワンカップ大関を一本飲まされ、その後よくわからない漢文めいた文章を音読させられた。まったく意味不明の文言だったが、漢字の横にふってあるルビだけを、ひたすら声に出していった。

それと同じことを、すぐ横のホソダ君もさせられている。とても逆らえる空気ではなかった。

続いて、謎のゲームが始まった。

「お前ら、お互いにビンタしあえ」

「……はい?」

「いいからビンタ。交互にだ。いいと言うまで、ずっと。ただし叩く前に、必ず毎回こう言うんだ」

常務はすうっと息を吸った後、大声で叫んだ。

「犬、まるまる、戦死しました！」

まるまるの中には、自分の名前を入れろという。

まったく訳がわからない。

しかし「やらないとクビにするぞ」と強く断言されたため、仕方なくお互いに向き合って
「……犬、シバタ、戦死しました」

言われた通りのセリフと動作を行った。しかし理由もないのに人を叩くのは抵抗があるものだ。シバタ君の平手は、「ぺちん」と力がこもらない叩き方になってしまった。

「これでいいですか？」と振り向こうとした瞬間。

バチイイン！　という音とともに尻に激痛が走った。

「まじめにやれ！」

常務が「平べったいバットのような棍棒《こんぼう》」をこちらの鼻先に向かって突き出した。

これで思いきり尻を叩いてきたのだろう。五十センチほどの長さの、なぜか赤黒く変色している棒だった。先端にはテプラで印刷したシールが貼ってあり「犬株式会社××塗装

戦死しました」と書かれている。××の部分に入っていたのは、ここの社名だ。

「い、いぬホソダ、せ、戦死しました」

次は相手の番だが、やはり腰がひけてまともな平手打ちにならない。

「まじめにやれ！」

同じ怒声を浴びせながら、常務が例の棒でホソダ君の尻を叩く。

最初の三、四回はこのやり取りがずっと続けられた。やけに重量のある棍棒をフルスイングされるので、激しい痛みが体の芯全体に響く。頭まで一気に、カーッと血が上ってくるのがわかる。

しかしそれが効果的なのだろうか。ビンタする手に、自然と力が入るようになっていった。

相手も同じことをされているため、自分が打たれるビンタの威力も増していく。頬が打たれる高らかな響きもあいまって、お互いの頭がどんどん火照《ほて》っていく。

「犬シバタ戦死しましたっ！」

「犬ホソダ戦死しましたああ！」

もはや殴り合いに近いような、激しい平手の応酬が続く。

すると不思議な現象が起こった。

何発目だったろうか。ホソダ君の顔面を殴った瞬間、ほんの少しだけ彼の口が、にゅうっと前にずれこむ感じがした。

いったいなにが起こったのだろうか？

気のせいかと思ったが、それを確かめるため、さっきよりも強く殴ってみる。

「犬シバタ戦死しましたっっっ!!」

すると自分の打撃に合わせて、ホソダ君の鼻・口元・頬が、先ほどよりもっと前面に盛り上がったのだ。

しかも今度は、それが元に戻らない。

またいっそう強く殴る。さらに鼻から下が突き出されていく。

まるで、犬の口のようだ。

うわあ！　なにこれ！　すっげえ楽しい！

やけに面白くなって、どんどん殴っていく。

シバタ君自身の側にも、同じ現象が起きているようだ、顔半分が犬のようになったホソダ君が、目を輝かせながら、思いきり自分を殴ってくる。ビリビリしびれた口元に感覚はないが、重さのバランスによって、顔の下部分が前に傾いていくのがわかる。

なによりもう、目線を下げれば自分でも確認できるほど、口全体が前に飛び出ているではないか。

「バウッ！　ワウワウバウ、アウッ！」

口が変形しすぎて、もうあのセリフがしゃべれない。

「アアオウッ！　バウバウッ！」

ホソダ君も同じだ。もう言葉ではなく叫び声、いや、犬が吠えるような音しか発せなくなっている。

そんな大声を発しながら、ひたすら互いを殴り続ける。


――バオオオアウオオオオオオウ！


数回に一度、二人の吠え声がぴったり重なる時があった。

その瞬間は脳みそに砂糖水がぶちこまれたような快感が走り、もっともっと叩き、叩かれ、吠えたくなってしまうのだ。


気がつくと、窓の外は夕暮れになっていた。

二人とも、いつのまにかパイプ椅子にのけぞるようにして座り込んでいる。どうやら途中で意識が飛んでしまったようだ。

ぼんやり口に触れてみた。ぱんぱんに腫れてはいたが、いちおう人間の状態に戻っていた。

「おう、起きたか」

しばらくすると、現場から帰ってきた先輩たちが声をかけ、缶コーヒーを手渡してくれた。

「若いのは元気があっていいねえ」

さきほどの儀式は、入社したての新人に必ず行う決まりになっているのだという。

本来はバイトにまでやる必要はない。ただシバタ君は素行に問題はあるが、ぜひ会社に留まってほしい人材だったので、前倒しして行ったとのこと。

とはいえこの儀式は、同程度の体力を持つもの同士でやらないと、先にどちらかがへばってしまう。そのため、ホソダ君をパートナーとして呼んだのだという。

これによって、シバタ君は本格的に会社に受け入れてもらったようだ。ホソダ君とだけでなく、先輩たち全員とも、以前にも増して仲良くなった。

入社当初、自分が違和感を覚えたほどの仲間意識は、こうして育まれたものなのか……

と納得したそうだ。

ただそんな儀式も、彼の手癖の悪さまでは矯正してくれなかったようだ。

なんとシバタ君はこの後もたびたび金の窃盗を繰り返した。

このため、さすがに会社中の全員にあきれ果てられ、クビを切られてしまったのである。

ホソダ君の方はといえば、すっかり会社になじみ、社員となった今も、皆と仲良く働いているらしい。

焦げ茶の小箱

サトルは一時期、新薬の治験モニターのアルバイトを定期的に繰り返していた。

数日にわたって入院施設に寝泊まりしながら、決まった時間に投薬を受けたり採血をしたりする。多い時には一日に七回も八回も採血されるので、それは非常に面倒くさい。ただその他の時間はまったくもって暇なので、本を読んだり他の被験者とお喋りをしたりして時間を潰していたという。

私・吉田も治験バイトの経験があるので、この状況はよく理解できる。

基本的に金払いはよく、私の時代（一九九〇年代後半）は一日一万五千円前後が相場だった。つまり一週間で十万円、一ヶ月なら三十万円超だ。

ただし一度の治験を終えた後は、しばらく間を置かないと次のモニタリングに参加できない。サトルの場合は、かなりの年月にわたって治験バイトばかりをこなしていたようだ。

また施設に閉じ込められ続けるので、長ければ半月ほども外出できない。漫画やＤＶＤは大量に揃っているが、さすがにそれだけでは飽きてくる。

なので必然的に、同じ治験仲間とは強い一体感が生まれ、すこぶる親密になっていくのだ。

まあ、その点については楽しいアルバイトであることは間違いない。


この時にサトルが参加している治験期間も半ばを過ぎた、ある日のこと。

就寝用の大部屋を通りがかったサトルは、そこで被験者の一人が奇妙な動きをしているのを見かけた。まるでステップを踏むように、片足で立ったかと思うと後ろにバックステップし、また前の方にひょいと飛び跳ねている。

「なにしてんの？」

サトルが声をかけると、相手は足元を指さして。

「ここ。この部分の床下、何かあるんじゃないかな。他のところと踏んだ時の音が違うんだよね」

その治験が行われていた施設は、普通の病院ではなかった。おそらく以前はアパートとして使われていた建物を買い取り、リノベーションしたのだろう。壁を取り払い、いくつかの小部屋を繋ぎ合わせて中・大サイズの部屋に改装したような、変わった構造をしていた。

皆が寝泊まりしている大部屋は一階で、床には方眼紙のようなグリッドが入っていた。

つまり後から敷きなおした床であり、かつ金をかけずにフロアタイルを組み合わせているだけなのだ。

指摘された部分のタイルを叩いてみると、確かに少しだけ音が低いような気がする。

「なんだろうね。床のたわみとかじゃないのかな」

といったサトルの答えに、相手は納得していない様子。

「そうかなあ、確かに変だと思うんだけど……」

ともあれ採血の時間なので、話はいったんそこで終わった。

夕食が終わった後は、完全なフリータイムだ。被験者たちが集まって雑談をしているうち、さきほどの床が話題にのぼってきた。

「じゃあ試しに、皆で踏んで確かめてみようぜ」

約二十人の男たちが、代わり番こにタイルをぐいぐい踏みしめていく。

すると不思議なことに、「床下に絶対なにかがある」派と「絶対なにもない」派とで、各自の見解が両極端に割れたのだ。サトルを含む「よくわからない」中道派は二、三人だけ。

あとはちょうど半々の人数が、全肯定・全否定サイドに回っていた。

暇を持て余していたこともあり、両派の議論は延々と続いていったのである。

「前の被験者が、エロ本でも隠していったんじゃないか」

「そんなことしても意味ねえだろ。持ち帰れよ」

「後輩たちへの置き土産？」

といっても最初の方は、そうした冗談を交わす余裕もあった。しかしそのうち両サイドの主張が白熱しはじめ、だんだん喧嘩さながらの状態になっていく。

「絶対ここに、なにか埋まってる！　なんでわかんねえんだよ！」

「そんな訳ないだろ！　お前らバカか！」

傍から見ていると、異様なまでの真剣さだ。

「それならいっそ、床を少し剥がして確かめてみたらどうか」

耐えかねたサトルの提案に、皆も賛成した。

既にタイルが欠けている部分が幾つかあったので、そこからスプーンで剥がしていく。

するとその下から、徐々に模様のようなものが描かれた板が見えてきたのである。

金色の塗料で描かれた、迷路のように入り組んだ形。歴史の教科書に載っている、古い文様を連想させるようなものだったという。

さらにタイルを剥がしていくと、そこに埋まっているものが四角い立方体だということがわかってきた。

つまり「箱」である。奇妙な模様は箱の上面、「蓋」部分に描かれていたのだ。広辞苑ほどのサイズの立方体で、黒に近い焦げ茶色の木材が組み合わされている。独特な光沢があり、高価な骨董品のように見えなくもない。

「ほら！　やっぱりあったじゃないか！」

肯定派の一人が叫び、箱を持ち上げた。

そのまま中身を確認しようと蓋をあけたところ。

「うわっ！」

なぜか叫び声とともに、箱を床に落としてしまった。

「えっ、どうした。なんか変なもんでも入ってたか」

「……そうじゃないけど……」

サトルたちはおそるおそる、転がったままの箱を覗いてみた。

その中は、なにも入っていない空洞だ。外側とは対照的な、白っぽい木目の板材はっきりが見える。ただ、そこに細かい文字がびっしりと記されていたのである。まるで箱の中にあるものを覆うかのように、側面から蓋にいたるまですき間なく、筆文字で埋め尽くされている。

「なにこれ、なんて書いてあるかわかるか？」

「いや……日本語じゃないよな」

ハングル文字のようにも見えたが、確証はない。とにかく、そこにいた全員が判読できる言葉ではなかった。

意味もわからず、中身も空であることが逆に不気味さを増していた。サトルだけでなく、おそらく周りの皆も、「開けてはいけないものを開けてしまった」という感覚を覚えていただろう。


翌日から翌々日にかけて、治験施設は大混乱となった。

数名の被験者がパニック状態になり、大声で騒ぎ立てたのである。

なにかの幻覚を見ているように怯えており、いくら看護師たちが落ち着かせようとしても、いっこうに効果がなかった。新薬の治験中なので、鎮静剤などを投与する訳にもいかない。

やむなく、その数名については治験を続行することができなくなってしまったのだ。

パニックになったものたちは、それぞれ異なるモノを見ていたようだ。

「髪の長い女が床から顔をだしている」

「たくさんの男が壁をすり抜けて走ってくる」

「部屋の隅に大きな犬の顔が浮かんでいる」

ただ全員に共通していたことが二点あった。

ひとつはベッドから降りる（あるいは床に足をつける）ことを拒んでいたこと。

もうひとつは、床下になにか埋まっているか否かで言い争った時、「絶対なにもない」と主張していた側だったことだ。

彼らが去った後、サトルは何人かの看護師に、あの「箱」に関して知っていることはないかと尋ねてみた。しかし手がかりになるような情報は、なにも得られなかったそうだ。

この一件を機に、サトルは治験のアルバイトから距離を置くようになった。

笑う犬

夜遅く、寝転びながらいじっていたスマホの画面が、ふいに切り替わった。

電話の着信だ。表示されたのは、ずいぶん懐かしい名前。学生時代のサークル仲間の、ヨリコという女性からだった。

彼女とはもう十数年、連絡をとっていなかったように記憶している。

「久しぶり。今大丈夫?」

挨拶を交わしながら、私は不安を覚えていた。

今の時代、メールもなにもなく、いきなり電話してくるということ自体が珍しい。それもこんな深夜に、社会に出てからずっと会っていない知人から、だ。

なにか私に急いで伝えなければならない用事でもあるのだろうか。しかしその場合、まず間違いなく良くない報せに決まっている。

そんな私の心配に反して、ヨリコは脳天気な質問をしてきた。

「フェイスブックで見たけど。吉田くんって、都市伝説に詳しいんでしょ? 都市伝説を集める仕事してるんでしょ?」

どうやら、私が一度だけ出演したテレビ番組を見かけていたらしい。竹書房の本にも書いた実話怪談について紹介する内容で、都市伝説などなにひとつ語っていないはずだ。とはいえ、両者を混同されるのはよくあることだから、いちいち訂正などしていない。

「まあ、普通の人よりは知ってるかなあ」といった無難な答えを返しておいた。

「あ、そう。実はね、このあいだ、変な話を聞いたんだけど。これって有名な都市伝説なのかなあって思って。それで確認しておきたかったのね。今から言うこと、ちゃんと聞いてね」

こちらの返事も待たず、ヨリコはせかせかと自分の用件を進めていった。

「犬が笑うと人が死ぬ……って聞いたことある?」

「え、犬? いや、知らないかな。カラスが鳴くと人が死ぬ……っていうのなら、昔の言い伝えとして、よく聞いたりするけど」

「そうか、知らないかあ……」

電話口の向こうから、大げさなため息が聞こえる。

「あのさあ、実はちょっと前に、友達が体験したことなんだけどね」

そう前置きしたかと思うと、ヨリコはどんどん話を続けていった。

ヨリコの女友達、A子についてのことだという。

A子は、ペット飼育可のマンションで犬を飼っていた。めったに吠えないタイプの、一部の人々から人気の犬種だ。ちなみに、ヨリコ自身も同じ種類の犬を飼っている。A子と仲良くなったのは、その犬種の交流会がきっかけだったらしい。

「A子の犬は、また特別に性格が大人しい方だから、そもそも普段ほとんど吠えることはなかったのね」

それがある日の夕暮れ時、突然、壁に向かって激しい声をあげたのだ。こんな風になったことは、今まで一度もない。しかも「ワン、ワン」という一般的な鳴き声ではなく、高音を長くのばした、ひと連なりの音である。遠吠え……かとも思ったが、すぐにそうではないと気づいた。

笑っているのだ。

「ハーハッハッ」という大笑いと、「ヒッヒッヒッ」というひきつった笑いの中間のような、なんとも不快な響き。

声だけではない。目を細め、口の両端をあげたその顔もまた、笑っているように見える。

それがまた、他人を見下しているような、嘲りのこもったような笑顔なのだ。A子も自分の愛犬ながら、いやらしく不気味な感じがしたのだという。

どうしようかと逡巡しながら、A子はその様子をうかがっていた。二十分ほどして、犬はようやく笑うのを止め、壁から離れていった。その後は、またいつもの様子に戻ったらしいのだが……。

壁のすぐ先は、隣人の部屋だ。こんな耳ざわりの悪い騒音が二度、三度と続くようであれば、クレームをつけられてしまうだろう。

「それに、なにかの病気だと嫌だからね。次また同じようなことがあったら病院で診てもらおう、と思ってたらしいのね」

しかしそれから数日経っても、犬が再び奇妙な「笑い声」をあげることはなかった。

あれは、喉に異物が詰まっていたとか、なにかイレギュラーな事態だったのだろう。

そう安心していた、ある日の朝。慌ただしい物音によって、A子は目を覚ました。玄関の向こう、マンションの廊下がなにやら騒がしい。

外をのぞくと、警察や管理人がものものしい様子で、隣室を出入りしている。

「なにが起きたんですかって聞いてみたら……一人暮らしをしていた隣のおじいさんが、亡くなってたんだって」

その日の夜、A子は仕事帰りに管理人をつかまえ、どんな事情だったのかを細かくたずねてみた。

おじいさんは数日前に、心臓発作で亡くなっていたのだという。

状況から察して、死亡推定時刻は五日前の夜あたりだ、と警察は判断しているらしい。

それはちょうど、A子の犬が、笑い声をあげた当日だった。


「それで、わたしも気になっちゃって」

犬が笑ったことと、そのおじいさんが亡くなったことに、なにか関係があるのだろうか？

ヨリコが私に聞きたいのは、どうもそういう意見だったらしい。

「まあ……犬だからね。人間とは違った野生の能力もあるんじゃないかな」

私はなるべく恐怖をあおらないよう、穏やかに話を終わらせようとした。

「すぐそばで誰かが死んだら、敏感に察知しててもおかしくないだろうし、笑い声に聞こえたのも、異常事態におびえて変な鳴き方になっただけとか……」

そんな私の説明に、ヨリコはまったく納得していないようだった。

「いや、でも、違うのよ。わたしの言いたいことは違うの」

犬が笑い声をあげたのは、おじいさんが亡くなる五日前の夕方なのだ。

　A子によれば、隣のおじいさんはその時、買い物かなにかで外出していた。彼女が帰宅する時、廊下ですれちがって挨拶したから間違いない。

　その部屋がたまたま留守だったからこそ、A子も犬を無理やり黙らせることなく、様子を見ていたのだ。

　つまりその時、おじいさんは外出しているし、まだ亡くなってもいない。自分の部屋で突然死したのはその後、夜遅くのことなのだ。

「だからね、ピンときたの。死んだ人の気配を察して、犬が変な吠え方をしたんじゃなくて……」

　ヨリコは奇妙な主張をしはじめた。

「犬が笑うと、人が死ぬんじゃないの？」

　そんなまさか。

　身近な人間に変なことが起きたせいで、ちょっと考えが極端になってしまっているようだ。

「まあ……あまり気にしない方がいいよ」

「でも、とにかく笑うのよ。すごく嫌な声で」

「嫌な声って……。それを聞いたのはA子さんでしょ？」

「そう。でも、聞いてみればわかるから。本当に、本当に嫌な笑い声なんだから」

「いやいや、自分で聞いてもいないのに、そんなことわからないでしょう?」

「わかるのよ」

「……」

「だって聞いてるから、今、その笑い声を」


――わたし、彼女と同じ種類の犬を飼ってるって言ったでしょう。

――それが笑ってるのよ。今まさに。壁に向かって、大笑いしてるの。

――でもこんな深夜に、他人の部屋のチャイム鳴らす訳にいかないでしょ。気をつけてくださいって言うのも変でしょう。


黙ったままの私に対し、ヨリコはひたすら言葉を繋げていく。

「ねえ、とりあえず……」そして、こんな提案をしてきたのだ。

「うちの犬がどんな風に笑ってるか、聞いてほしいんだ」

私は言われるがまま、スマホを耳にじっくり押しつけた。

「いや……なにも聞こえないよ」

しかし、ヨリコからの返事はない。

おそらく電話を耳から離して、どこかの方に向けているのだろう。

私の耳に入ってくるのは、空気音なのか電子音なのか、サーッというホワイトノイズだけ。

「もしもし？　別に声なんて……もしもーし？」

ただその奥から、かすかに別の音が聞こえてくるような気もしてきた。

金属がこすれあうような、かん高くて不快な音が。

第六天の森　その1

五年前、マヤさんは娘の出産を機に、新宿区のとあるマンションに引っ越した。

「母からは反対されていたんです。方位を見て占うのが趣味の人だったんですが、母いわく『今は動いちゃいけない時期だから、ダメだ。もし動いたら、変なところに当たる』って」

しかし当時住んでいた物件はユニットバスだったので、赤ちゃんを風呂に入れるには差し障りがある。結局、妊娠中に急いで選んだマンションへと、引っ越しを強行したのである。

私も同じ新宿住まいなので、当該のマンションについては見覚えがあった。少し遠出する散歩の際など、よく建物の前を通り過ぎていたのだ。アップダウンが激しい地形の中でもいちばん上の高台、大きな通りが交差するところにある、なかなか良好な立地の物件だ。

マヤさん家族が住んだ部屋は、２ＬＤＫで十二万円。地域相場にしてはかなり手頃な家賃である。

「ところが住み始めてすぐですよ。毎日ずっと物音や気配がすごくて……」

誰かが玄関から入ってくる。夫が帰宅したのかとリビングで待っているが、それは和室に入っていく。なんでそんな行動をするんだろうと確認しにいくと、廊下にも和室にも人の姿はない。そんなことがよく起こった。

そういった足音や気配については、もはや日常茶飯事。どこからか男の声が聞こえることもたびたびだった。言葉は聞き取れないものの、恨み言を述べているような雰囲気である。

「……誰かがしゃべってるよね？」

それは自分だけでなく、夫にも聞こえているようだ。

そのうち和室に入るたび、奇妙な感覚を覚えるようになった。

和室の畳は、なぜか真ん中の一畳だけがぐにゃぐにゃと柔らかい。新品の青畳に違いないのに、一部だけ傷んでいるようにも見える。

そして、その畳の上に「男が立っている」気がするのだ。

いや、気がするというレベルではない。畳の上に直立している男、それも立っているというより空中に浮かんでいる映像が、はっきりイメージできてしまう。そういった絵づらが、頭の中に暴力的に飛び込んでくるのだ。

そんな時はいつも、テレビのチャンネルを替えるように、なにか別のことを考えて、なんとかやり過ごすようにしていた。

「また備品も次々に壊れて。窓ガラス、換気扇、給湯器、インターホン、洗面台の鏡……ひと通りダメになりましたね」

はたから聞けば立派なお化け屋敷だ。私ならすぐ逃げ出すが、当時のマヤさんは不思議なほど、それら怪現象を気にしていなかった。

ようやく危機感を持ったのは、娘が怪我をするようになったからだ。

まだ乳幼児なのに、二、三日に一回の割合で切り傷をつくる。しかもすべて、顔面に。

それが十回以上も続いたのである。

さすがに心配になったマヤさんは、夫や両親たちに引っ越しの相談をし始めた。

中でも母親は、ことの経緯を知って青ざめてしまう。

「子どもが顔を怪我するってのはね、ひどく縁起が悪いことなのよ」

そしてマヤさんに、よく当たると評判の「方位の先生」を紹介してきた。

子どもの安全にかかわるかもしれないのだから、とりうる手段はすべて試しておきたい。

マヤさんは、その先生に相談することに決めた。


さて、その診断を受けてみたところ。

先生はなにも話さないうちに、家の間取り図にぴたりと指をあてて。

「この和室」と苦々しい声でつぶやいた。

「ここ、ひどいわね。なにがいるかは言いたくないし、言わない方がいいだろうけど。とにかく、ひどいわね」

その瞬間、マヤさんは「あっ」と小さく声を上げた。

毎日、和室に入るたび浮かんでいたイメージが、突如として再生されたのだ。いつものようにチャンネルを切り替えることもできず、くっきりと脳内に結ばれていく。これまでになく鮮明に、強烈に。

と同時に、また別のことにも気がついた。

——なんで自分は今まで、こんな光景を思い浮かべながら、平気でいられたんだ？

ぐにゃぐにゃの畳の上で、直立した男が浮かんでいる。いや違う。太い縄で首を吊っているのだ。

男の体は腐って溶けて、黒い体液が真下の畳へとしたたり落ちている。

でも、梁《はり》もなにもない部屋の真ん中で、どこにどうやって縄を渡しているのか？

イメージの中での男の頭上、吊られたロープの先は、太い木の枝に結ばれている。

まるで和室の下から、大木の一部分が飛び出しているようだった。

「やだ、あなた……もしかしてわかってるの?」

そんなマヤさんの様子を見て、先生が声をあげる。

「……それって男の人ですか」「そう、男よ。それが宙に浮かんで」「はい、首を吊って」

「もう体がどろどろに崩れているでしょう」

先生と自分が同じイメージを共有しているのは間違いないようだ。

意外な事態にたじろぐマヤさんだったが、

「でも、あなた……」むしろ先生の方こそが、驚きの目をこちらに向けてきた。

「……それがちゃんと見えてるのに、家に帰れるんですか?」

確かに、それはもう無理だった。


「旦那を説得したら、引っ越し自体には応じてくれました」

とはいえ明日に出ていける訳ではないので、それまでなんとか耐え忍ばなければいけない。

先生からは「とにかく黄色い花を活けておけ」とアドバイスされた。敵対心がないとアピールし、応急処置になるのだという。

「その日からすぐ、和室の窓辺に黄色い花を飾りました。外向きに置くようにすれば、悪いものが外に流れるらしいんですが……」

なぜだろうか。気がつけばいつも、花弁が内側を向いてしまっているのだ。

何度となく外側へ向け直しても、いくら別の花に買い替えようとも、結果は同じ。少しでも目を離すと、まるでそちらに呼ばれているように、花びらが後ろを振り向いてしまう。

それもきまって、部屋の中心の方を。

その間にも、娘の顔には切られたような傷が増えていく。

さすがに限界を覚ったマヤさんは、娘とともに実家へと駆け込み、そのまま引っ越しの日まで待機していたのだという。

「でも辻褄が合わないというか」と、マヤさんは首をひねる。

「マンションの住人に聞いても、管理している不動産会社に問い合わせても、あの部屋で人が死んだ事実はない、と言われるんです。皆が嘘をついているとは思えないのですが……」

あるいはマンションが建つ前の土地そのものに、よくないことが起きていたのかもしれない。

ずっと昔から住んでいるお婆ちゃんによれば、マンションに面した交差点では激しい交通事故がひっきりなしに起きていたとも聞いている。

「ずっと昔に、誰かが首を吊った木が、そこにはえていたのかもしれないね」

また先生からは、そんなことも言われていたそうだ。

＊　＊　＊

マヤさんから以上の話をうかがったのが、二〇二〇年夏の終わり頃。

言うまでもないことだが、一連のコロナ禍によって、旅行どころか外出自体がはばかられる状況が続いていた。

私自身も地方取材がことごとくキャンセルとなり、ひたすらインターネット越しの聞き取り取材を重ねていた時期だった。

とはいえこの話を聞いた後、都内近郊の訪問ならさしつかえないだろうと、さっそく徒歩で現場マンションへと出向いてみたのである。

先述どおり、このエリア一帯にはそこそこ土地勘がある。

そして私はずっと以前から、マンション近くにある「六天」の名を冠した細い裏路地が気になっていた。

その名前からして「第六天魔王」に関連した地名であることは間違いない。第六天魔王とは、あらゆる楽しみ・悦びを司る存在であり、その性質上、仏敵と見なされることもある存在だ。

言い換えれば、それだけ力の強い神ということでもある。そのため近世の関東地方では、民衆の間で信仰が広まり、各地に「第六天神社」が建立されていく。

ただ、そのような混沌めいたエネルギーの神仏は、明治維新を境に排斥されることとなる。この点については、関西における「牛頭天王」と状況が似ているだろうか。

それら神仏の社は、明治の廃仏毀釈、および戦後の再開発を経て、次々と潰されていくこととなる。しかし彼らのような強力な神々が、黙って消え去るはずもない。

彼らが元いた土地は今もなお、祟りなす場所として怖がられているケースが多いのだ。現代人の多くが「第六天魔王」や「牛頭《ごず》天王」の名前すら知らないにもかかわらず、おそらく本能から、彼らがいた土地に畏怖や禁忌の念を抱き続けている。私が竹書房の怪談本にて発表した「天狗の森」(『恐怖実話　怪の残像』所収)も、そうした事情にまつわる怪談だ。

では、その土地はどのようなかたちで残されているのか?

それはいつも、かつてあった鎮守《ちんじゅ》の杜《もり》の残骸、数本あるいは一本の「木」として、なのである。

マヤさんが住んでいたマンションのすぐ脇から、「六天」という名の路地へと入ってみる。その道は、川の方へと落ち込んでいく、傾斜の強い坂になっていた。

思わず転んでしまいそうなほどの急斜面をくだっていくと、個人宅の脇にぽつんと置かれた、古びた祠《ほこら》に出くわした。

祠の上には「第六天」との文字が書かれていた。この道の名の由来となった社《やしろ》なのだろう。しかしその配置は、とってつけたような不自然なロケーションである。

不自然さの理由は、すぐに判明した。傍らにある史跡案内板に、こんな説明が書かれているのを見つけたからだ。

「坂の上に第六天の祠が建っていたため、その名前がつけられたという」

そう、この第六天の祠は、以前は坂の上にあったのだ。現在は例のマンションが立っている、あの高台の頂上に。

ということは、そのあたりにはかつて鎮守の杜が、「第六天の森」が茂っていたのではないだろうか。もしかしたらそこに、男が首を吊った「木」も、あったのではないだろうか。

もちろん、そんなことは私の邪推である。マヤさんの体験と、この第六天の祠が結びつくという、確たる保証はどこにもない。あくまでオカルチックで怪談的な「偶然」に過ぎないのだ。
しかし、この「偶然」は、まだまだ続いた。
私がこの現場を取材した、すぐ翌日のこと。
また別の人物から「第六天の森」にまつわる祟り話を聞かされてしまったのである。

新宿にある「大六天」の祠。かつてはこの急坂の上に置かれていたが、今は坂下の川の近くに押しやられてしまっている。

第六天の森　その2

世間の大勢がそうだったように、私もあいかわらず家にこもる日々が続いていた。

第六天の祠を取材したのが唯一の遠出と言えるが、それだって自宅から徒歩三十分ほどの、ちょっとした散歩に過ぎない。

仕事の多くもトンでしまったため、もはや私に出来ることといったら、SNSやネット通話を使った怪談取材しかなかった。

まあ、これについては現在の状況が幸いしたと言えただろう。体験者さんたちの方もずっとステイホームしているため、取材のための時間をとりやすく、いっちょう怪談でも教えてやろうかという気分になりやすかったのではないか。

ヨシコさんにLINEの音声通話をかけたのは、ちょうど第六天への散歩から帰った翌日のこと。

「いつも吉田さんの本を読んでますよ」

開口一番、励みになる言葉をいただく。これは社交辞令のお世辞ではなく、その私の本に書いてあったエピソードについて、話したいことがあるのだという。

「私は造園関係の仕事をしているので、公園の木や街路樹の保全・伐採も業務のひとつなんですね」

そのため、拙著『怪談現場　東京23区』を読んで興味をもった箇所があった。

砧《きぬた》公園脇の「第六天の森」についての記述だという。

それを聞いたところで、私の胃の腑がきりっとうずくのを感じた。昨日の今日というタイミングで、また「第六天の森」だ。

かつて、世田谷の砧エリア一帯には第六天の鎮守の杜が点在していた。それらは一種の禁足地として地元民に畏怖され、「第六天の森からは草木一本とも持ち帰ってはならない」とされていた。江戸時代、道を広げる際に、森林を伐採しようとしたところ、怪我人が続出したため取り止めた、との逸話もある。

ようやく区画整理がなされたのは、東京オリンピックの大開発が行われた一九六四年。

しかし当時も「第六天社にゴミを捨てたものの家が火事になった」「ケヤキの枝を払おうとしたものが急死した」と噂されており、結局、森を避けるかたちで不自然にカーブした道を通さざるを得なかったのだ。

森にあった祠についてては、静嘉堂《せいかどう》文庫の丘の岡本八幡宮に移すことで、なんとか祟りを鎮められたようだ。ちなみに私は個人的に、静嘉堂の丘こそ、東京随一の霊的スポットではないかと思っている。なにしろあの三菱財閥が、岩崎家の霊廟として選んだ地なのだから。逆に言えば、そこまで格の高い霊地に頼らなければ、第六天魔王の力を抑えられなかったのだろう。

「そうそう、その話です」とヨシコさん。

「それを二年前、知人の樹木医に話してみたんですよ」

そこでなんとも奇妙な「偶然」が起きた。その彼はちょうど、砧公園脇の第六天の森のアカガシを診断しているところだったのだ。

それどころか「このアカガシは半枯れのため倒木の危険がある」と、世田谷区に伐採の申請を出していたという。

もちろん樹木医として適正な判断ではあるのだが、あれは「第六天の森」の残存物、手を付ければ祟られるいわくつきの「木」だ。ヨシコさんの方からそう打診してみたところ。

「〝そういう事情があるなら止めておいた方がいいのかな〟という返信があって。それ以降、本当に伐採されたかどうか事情がわからず……」

「まあ、地域の安全のためなら仕方ないでしょう」私はそう返した。

「ただ気になるのは」ヨシコさんが続ける。

「そのすぐ後、近隣で凄惨な事故が起きたんです」

東名高速にかかる陸橋から、男性の投身自殺があった。夜中だったため、高速道路を走る車がそれと気づかず、何台も何台も遺体を轢き続けた。明け方になって「動物の肉が道路にちらばっている」との通報で発覚したという。午前中ずっと道路が封鎖されたこともあり、当日はニュースとして大きく報道されていた。

「でも……ふたつのポイントは一キロほど離れてますよね。ただの偶然だから気にしない方が」

そう言いかけた私のマウスが止まった。電話しながら見ていたGoogleマップ。その陸橋の名前が「大六天橋」と表示されている。

「そうなんです。そこもまた別の『第六天の森』だったんですよ。東名の工事で、数年前に撤去させられたそうです。今でも橋の脇には不自然な三角形の空き地がありますが、祠はどこにいってしまったのか。行方不明なんですよね……」

こうまで「偶然」が重なれば、嫌でも気になってしまう。

連日の遠出になってしまうが、今度はレンタカーを借りて、世田谷の砧まで足を延ばしてみた。

まず確認したのは砧公園脇、わずか二本だけ残された「第六天の森」の木々だ。数年ぶりに訪問したところ、問題のアカガシの木はそのままに残されていた。ヨシコさんの進言が通って、伐採されずに済んだようである。

その場でさっそくヨシコさんに報告。それに対して、こんな返信が届いた。

「腐って倒木の危険があるのは間違いないので、それでも残されたのは、やはり地元の人たちも手をつけてはいけない木と認識しているんでしょうね」

「地元の職人さんに聞いたら、枝を払おうとしたら不幸が起きたので、住民も手を付けないようにしている、役所も伸び放題にしている……とのことでした」

このアカガシが無事だったことは確認できた。となれば、ここから祟りが発生するはずもない。気になるのはもうひとつ、飛び降り自殺のあった大六天橋の方だ。

現地に赴くと、確かに不自然に細長い空き地が、陸橋脇に残されている。

これもヨシコさんに教えてもらったとおり、斜面にはえたアカマツが高速道路へとせり出していた。空き地にはえた木なのだから、安全のため伐採した方がよいはずなのに。

この「木」も切れない理由があるのだろうか。

調べてみたところ、この一帯は昔、こんもりとした丘だったようだ。その頂上付近には立派なアカマツの林があり、大六天（第六天）の神社が鎮座していた。

しかし、その風景も次第に消えていくこととなる。

まず五十年前、丘をつっきるかたちで東名高速道路が開通。そして東京外環道と接続する「東名ジャンクション」の大工事（二〇一二年着工）によって、丘の両側がさらに削られた。

これにより数年前、ひっそり残されていた大六天社の祠は、丘からずっと下った川沿いまで移転させられたという。

しかし二〇二〇年予定だったJCT開通は、オリンピックともども先送りとなっている状態だ。様々な要因があるのだろうし、その遅延理由はここでは問わない。ただし「大六天社の移転」とはまた別に、「工事中に古墳が出土した」ことは忘れず言及しておくべきだろう。

二〇一五年、斜面の掘削工事中に、古墳時代の墓「殿山《とのやま》横穴墓群」十七基が副葬品とともに発見された。保存状態も良好な古墳だったが、一部住民の反対にもかかわらず、工事進行が決定。道路に影響のない三号墓一基を保護するものの、十五基が三次元データをとった後、破壊されることとなった。

いや、出土したものが十七基あったというだけの話で、おそらく周囲にはまだ古墳が残

砧公園の南側、道路がカーブするかたちで残された「第六天の森」（写真上）
大六天橋の脇にあった「大六天社」は今では崖下の小川沿い、工場の敷地の奥に移転させられている。（写真下）

されているだろう。もちろん工事する側もそれをわかっている。わかっていながら、昔から人が住まないようにしている埋葬地を開発したのだ。そうした場所は宅地買収の必要がないからである。

これら強引な施策の背景に「二〇二〇年オリンピックに間に合わせるため」という大義があるのは間違いない。先の東京五輪で、砧公園脇の六天社が移転させられたのと同じことだ。しかし皮肉なことに、東名ＪＣＴは開通予定に間に合わず、東京五輪そのものは延期どころか開催すら危ぶまれている。

もちろん、あくまで「偶然」に過ぎないだろう。第六天の社を移転し、古代墳墓を破壊したことに、自殺や事故、工事延期の因果を見る訳にはいかない。特に件の自殺については「陸橋のフェンスの低さが以前から危険視されていたこと」こそを問題とすべきである。

しかしそれでも、「第六天の森」にまつわる「偶然」が重なりすぎている不気味さだけは否めない。

①新宿の坂、砧公園脇、大六天橋ともに、「第六天の森」の名残である木々が、なんらかのかたちで不気味な存在感を伝えている。

②新宿も世田谷も、かつて丘の頂上に祀られていた祠が、はるか下の川沿いにまでおろされてしまっている。

③そして静嘉堂文庫の丘、殿山横穴墓群は、ともに埋葬のための霊地である。静嘉堂には第六天社をスムーズに遷座できたが、その逆パターンについては、はたして問題ないのだろうか。

近隣住民によれば、同地の大六天橋脇の祠は、坂を下りた氷川神社に移されたという。しかし境内をいくら探しても見当たらない。どうやら神社の境内といっても、そのさらに崖下、川をはさんだ向かい側にあるようだ。

そこは公道に面していない奥まったスポットであり、たどりつくためのルートがわからない。いくらGoogleマップを確認しても、周囲がすべて工場の敷地に囲まれているため、普通には接近できないのだ。

さんざん地元の人々に聞きまわった末、ようやく通過させてもらえる工場を教えてもらうことができた。

工場長だろう男性に一声かけて敷地を横切らせてもらい、茂った夏草をかきわけた先の小川沿いに、その祠はあった。

山の上にあった社は、ついにこの崖下まで追いやられてしまったのである。

手を合わせて覗いた祠内には、十円玉が二枚だけ、ぽつりと置かれていた。

リハビリセンター駅

「きさらぎ駅」という有名なネット怪談がある。

あまりに有名な怪談なので、本書読者には説明の必要はないだろう。いつもの電車に乗っているうち、どこにも存在しない駅に迷い込むという、いわゆる「異界駅」ものの元祖としても扱われる。

「きさらぎ駅」が2ちゃんねるに投稿されたのは二〇〇四年のこと。それでも、いまだにYouTubeやテレビ番組でたびたび取り上げられるなど、根強い人気を誇っている。

「電車」「駅」を媒介にして、ふいに日常から異界へ飛躍する物語が、多くの人々の琴線に触れるのだろう。二〇一〇年代以降は「やみ駅」「かたす駅」など多くのバリエーションが派生するなど、異界駅ものはすこぶる評判がいい。

「存在しないはずの駅に降り立って、異世界を冒険した」

といったエピソードを取材できれば話題になるのだろうが……私に関しては、そのような体験者に出くわしたことがない。

ただし、それとは少し違うパターンの体験談ならば、幾つか聞き及んでいる。

いつもの駅で降りてみたら、なにかおかしい。

「異界駅」ならぬ「駅異界」とでもいうべきエピソードならば。


地下鉄名城線は、名古屋市内をぐるりと巡る環状線だ。

その八事《やごと》方面に、「総合リハビリセンター」という駅がある。名称から察せられるとおり、名古屋随一のリハビリテーションセンターへの最寄り駅である。

二〇〇六年、当時七十六歳のサキさんは、病気で悪くなった足のリハビリのため、この駅を日常的に利用していた。

名城線は新しい地下鉄なので、地上と繋がるエスカレーターもエレベーターも、たいへん深くに達している。しかしその割には地下通路の幅が狭く、白いタイルに覆われた壁がひたすら細長く続いている。

そうした様子は小綺麗だが無機質でもあり、どこか不安を煽られる空間でもあったのだという。

その真っ白い通路を、サキさんは杖をつきながらゆっくり進んでいった。いつも乗っているエレベーターまでたどりつくと、そこから地上を目指す。長い長い上昇を続けていった後、すうっと扉が開いた。

杖をつき、ゆっくり箱から出たところで、サキさんはぴたりと立ち止まってしまった。

地下鉄の出入口は、高級住宅街の中の、交差点に面したポイントにある。横断歩道の向こうには、豪邸の塀や植栽の緑に沿って道路が延びているはずだ。

しかし目の前にあったのは、見たこともない景色だった。

いや、なにも異常きわまる世界があった訳ではない。見知らぬ駅で降りていたとしたら、「こういう街なのか」と納得できるほどには現実的な景色である。

道路の幅がいつもの二倍以上の広さに拡大されており、それに合わせて、横断歩道もひたすら長く延びている。通りの両脇に家はなく、住宅はすべて奥の方へと引っ込んでいる。

その代わり道路沿いには、満開となった花々が咲き乱れる、色とりどりの花畑が広がっていたのだ。これまで道路沿いには、花壇すら置かれていなかったはずなのに。

見慣れた街並みと似ている。似てはいるけど、絶対に違う風景である。そして。

「この世とは思えないほど、美しかった」

そんな光景を、サキさんはうっとり見つめていた。

しかしそのうち、あることに気がついた。

見渡すかぎり、いっさい人や車が見当たらない。

いつもなら目の前の通りはひっきりなしに車が行きかうし、深夜でもなければ誰かしら歩いているポイントだ。しかし今は、動くものも見えず、いっさいの音も聞こえない。この世界に、自分一人しか存在していない。

寒気を覚えたサキさんは急いでエレベーターに引き返し、地下の駅構内に戻っていった。

ホームもまったくの無人だったが、数分ほど待つうちに電車が到着した。車内からは普段どおり、それなりの人数の乗客が降りていった。

そこで勇気を出したサキさんは、またエレベーターに乗りこみ、地上へと上がりなおしてみた。すると今度は、いつも通りの街並みが広がっていたそうだ。

「いったん駅に戻らず、あのまま進んでいたら、戻ってこられなかったかもしれない」

その時の光景を思い出して、サキさんは呟いた。

「そんな風に思えてしまうくらい、気味が悪くて、綺麗だったんだよ」

リハビリを終えたサキさんは、現在も九十歳にして元気に過ごしている。

さすがにインターネットの知識はほとんどないが、昨年、孫から「きさらぎ駅」の話を教えてもらい、「同じような体験をした人がいるのか」と、たいへん驚いたそうだ。

秋津駅・新秋津駅

さて、「駅異界」ものについては、他にも興味深い話を聞いている。

「秋津《あきつ》駅と新秋津駅の間は、異空間へと通じている」

……というものだ。

まずはロケーションを説明する必要があるだろう。東京都東村山市の秋津町では、ＪＲと西武鉄道の路線が交差している。そのため西武池袋線・秋津駅とＪＲ武蔵野線・新秋津駅とで乗り換えをする利用客は数多い。

両駅の距離は徒歩四、五分ほど。ほとんどの人にとって、商店街を突っ切っていくのが通常ルートとなるだろう。

ただ、この半径二〇〇メートルほどの狭いエリアで、おかしな目に遭ったという証言が頻発しているのだ。

私が取材した実例を挙げよう。

地元民であるサトミは、高校生から会社員の現在まで、ずっと両駅を利用している。つまり十年以上も、秋津・新秋津の乗り換えを、ほぼ毎日行ってきたということだ。

その日も、JRから西武線へと乗り換えるため、秋津駅へと歩いていた。

途中、コンビニ「F」に入ってペットボトルを買っていくのも、彼女の日課だった。もはや惰性のまま勝手に足が動き、なにも考えずに店内へと入る。自動ドアが開き、入店のベルが鳴る。

——ティントン、ティントン

（あれ？）

強烈な違和感が走った。これは違う。毎朝ずっと耳に入ってきていた音とまったく違う。あの「ティトトトトン、トトトトトン」のメロディではない。

ここで初めて、サトミは気づいたのだ。立地も建物も同じだが、自分のいる店舗が「F」ではなく、「L」に様変わりしていることに。

確かに昨日まで、「F」を利用していたはずだ。コンビニの移転というのは、わずか一日で済んでしまうものなのか。いや、それはともかくとして。

（え、すごいショックなんだけど）

前の「F」は小さい頃から通い続けた、スタッフとも顔なじみの店だった。日常のささやかな通過点とはいえ、わが家の次くらいに出入りした場所でもある。

ここで好きなアイドルの公演チケットを発券したり、心待ちにしていた雑誌を買ったりもした。仕事に疲れた時、電車の乗り換え前にひと息つく場所でもあった。

いきなり潰れたといわれても、とっさに心の整理などつけられるはずがない。

とにかく、なにか気持ちをぶつけたかったのだろう。サトミはペットボトルのお茶を買った流れで、店員にこんな質問をしてみた。

「こちら、前のお店はご家族で経営されてましたけど、引っ越しされたんですかね？」

すると相手は「えっ？」とレジ打ちの手を止めた。そして不思議そうな顔で、しげしげとこちらを見つめながら、こう返答してきたのだ。

「うち、もう十年以上ずっと、ここで営業してますけど……」

また別の女性ノリコは、こんな体験をしたという。

その日もいつものように、秋津と新秋津を乗り換えのため移動していた。

夕方、人通りの多い時間帯なので、周囲は同じ目的の人々が多数歩いている。

さんざん通いなれた道だ。ノリコはうつむきがちにスマホをいじりながら、前をゆく人の足元だけを気にしつつ、それについていくかたちで歩を進めていた。

一、二分ほどそうしていただろうか。

ふと顔を上げたノリコは、思わずビクリと足を止めた。

さっきまで周りにいた大勢の人々が、すべて消えていたのである。

それどころか自分自身、まったく見覚えない場所にいるではないか。飲食店や薬局などが居並ぶ駅前通りを歩いていたはずなのに、辺り一面に建物ひとつない、細い道路に立っている。

あわてて見渡せば、周囲は畑が広がっているばかり。といっても作物が実っている訳でもなく、ただ整地されただけの閑散とした荒れ畑だ。それらを越えた遠くの方に、ぽつぽつと住宅や鉄塔がたっているのが確認できる。

秋津町はのどかな郊外だ。駅から一キロほども歩けば、田畑が広がっているのは知っている。しかし、一瞬でそんなところに来てしまった意味がわからない。

そしてこの風景の中には、明らかに突飛で異質なものがあった。

縦横ともに五メートルはあろうかという、巨大な正方形の看板。

それが畑のあちこちに、十個ほど設置されている。バイパス沿いで見かける看板広告に似ているが、目の前のものはどれも文字だけのシンプルなデザインだ。面積に比して大き目の活字が、五行ほど並んでいる。

ただ、その文字がさっぱり判読できない。

日本語でも中国語でもない。英語でもなければ、アルファベットですらない。強いて言えば、アラビア語とハングル語を融合させたような、奇妙な図形の文字列だったという。

こんなひと気のない畑で、意味不明の大きな文字を使って、いったいなにを主張をしているのか。

まったく意味不明ながらも、「ここにいたくない」という気持ちだけがどんどんふくらんでいく。

スマホの地図で位置を確認しようとしたノリコだったが、なぜかGPSはさきほどの秋津駅・新秋津駅の中間地点でかたまっており、うんともすんとも動かない。電波を確認しても、圏外のため反応なし。

とにかくこの場を離れようと、ノリコは道を歩きだした。

そのうち両脇の畑がとぎれ、代わりに団地のような住宅棟が並びだす。気づけば空はもうすっかり暮れている。

心細くなったノリコは、街灯のある方を求め、団地の中に入り込んでいった。

しんと静まり返った敷地を足早に進んでいくと、行き止まりのようなポイントに出くわした。ただ住宅棟の一階は通路となっている部分があり、向こう側へ突っきることができそうだ。

もと来た道へ引き返したくなかったノリコは、意を決して建物内に歩を進めた。そのまま足早に通り過ぎ、裏手へと出ていく。

すると突然、周囲がざわめきに包まれた。ノリコのすぐ脇をバスが通り過ぎていき、目の前を人々がせわしなく行きかっている。カン、カン、という踏切の音も聞こえてくるではないか。

いつのまにか、新秋津駅の裏手に出ていたのである。

――秋津駅と新秋津駅の狭間の、あの雑然とした一角。

そこでおかしな目に遭ったという人は、まだまだ他にもいるようだ。

「駅」とはそもそも他の空間へと繋がるための、どこでもない「通過点」だ。そんな「駅」と「駅」の間を繋ぐあの一角は、つまり「通過点」のための「通過点」である。

そうした、なにやら捻じれた空間だからこそ、この世のどこでもない場所へと、ふいに繋がってしまうのだろう。

青山墓地の下

「！」マークの道路標識は「幽霊注意」を示している。

有名な都市伝説だ。そしてこの噂が広まる一因になったと思われる噂（つまり噂の噂）が、以下のものとなる。

「青山霊園の中にも、『！』マークの道路標識がある」

青山霊園といえば東京を代表する心霊スポット。タクシー怪談など幽霊にまつわる噂も数多く、それらがささやかれている歴史も長い。

その青山霊園の、しかも公道ですらない敷地内に「！」マークの標識が立てられている。これはもう幽霊出没を警告するためのものに違いない……という話の流れである。

まあ、どのようにして「！」マークの都市伝説が生成されていったかの考察は、いったん脇に置いておこう。

問題は「青山霊園の『！』マーク標識」が実在するかどうかの真偽について……なのだが。

インターネットを調べる限り、この噂を「事実ではない」とする見解が主流を占めているようだ。

多くの有名YouTuberたちが青山霊園へ突撃しているが、そこで標識を発見した動画は皆無。

珍スポット業界の大手サイト『東京別視点ガイド』のレポートでも、「【結論】青山霊園に〝！マークの標識〟は無い」と断定。

怪談文庫でもおなじみの川奈まり子先生も、二〇一四年の『しらべえ』記事にて、こう記している。

「これは眉唾《まゆつば》。私は青山霊園の近くに六年前から住んでいて、何度となく霊園内をくまなく散策してきたが、そんな標識は一度も見たことがない」

影響力の強い人々がこぞって否定しているため、世間一般でも「青山霊園の『！』マーク標識」＝デマという認識が広まっているのではないだろうか。

しかし私はこうした大勢に逆らい、一石を投じておきたい。

青山霊園に「！」マークの標識はあった。

根拠は「私自身がこの目で何度も見ているから」だ。

目撃場所も具体的に記すことができる（できればGoogleマップとストリートビューを参照してもらえると、説明がわかりやすくなるだろう）。

青山霊園は、笄川《こうがいがわ》がつくった急峻な谷戸地形の、高台上にある。崖下を南北にゆくのが外苑西通りで、霊園を東西につっきる都道四一三号の青山橋（青山橋）と立体交差している。

そして青山橋および都道四一三号（崖上）と高架下（崖下）をつなぐ「北坂」という坂道に、かつて確かに「！」の標識があった。

標識が「青山霊園の中にある」という表現は、あながち間違ってはいない。この北坂がのびる墳丘墓さながらの高台（崖上）が「立山墓地（青山霊園　立山地区）」だからだ。敷地に面したポイントなので「霊園の中」と言えなくもないだろう。

ちなみに北坂は居住者以外の車両進入が禁止されるほど細く、墓地の樹木の枝葉も飛び出している。そうした「その他の危険」を喚起するため「！」標識が設置されたのだろう。

また青山霊園とは、そもそも立山墓地から造成されていった歴史を持つ。墓場としての元祖に近いのは、むしろこちら側の方なのである。

そんな立山墓地そばにある「！」標識の存在は、今やほとんど知られていない。だが少なくとも二〇一〇年頃まで、この場所に標識が存在していたのは事実だ。

当時、私は青山通り沿いにある出版社にてアルバイトをしていた。西麻布方面から帰社するとして、普通なら外苑西通りをひたすら北上し、南青山三丁目交差点から青山通りへと出るはずだ。しかし私の場合、わざと裏路地にそれて細い急坂を上っていた。ひとつは、立山墓地の東側を通り、青山橋の高架をくぐってから長者丸通りの坂を上るルート。もうひとつは西側の「北坂」から行くルートだ。

今では一ブロックずれた根津美術館脇の大きい坂道が「北坂」とされるが、この小さな方こそが昔からの「北坂」だともいう。いずれにせよ、この道を上った右手・霊園側のフェンス沿いに、いつも「！」マークの標識が佇んでいたものだった。

今から思えば、写真のひとつも撮っておけばよかった。しかし当時はまったく日常的な風景であり、この標識が後に「デマ」扱いされるなどとは思いもよらなかったのだ。今回の調査でもネットにはいっさい画像が検索できなかった。かろうじて『つまみ枝豆の今だから話せるぼくの恐怖生体験』に、一九九〇年代末の貴重な現場画像があるのを探し当てられたのみだ。

オシャレな街として開発されつくした南青山が、本来持っていた高低差をいまだ残しているのがこの付近。暗渠《あんきょ》となった笄川から、崖とみまごうばかりの急峻な坂を上っていくロケーションなのである。

そうした立地には、必ず怪談が発生する。怪談の現場はその多くが、アップダウンの激しい「水の記憶」を隠す土地なのだ。これは私が多くのサンプルとともに、長年にわたって主張してきている持論でもある。

実際、このエリアでは地元民による怪談が多くささやかれており、「雨の日に女性の霊が出る」という噂もあったようだ（『東京別視点ガイド』コメント欄より）。

また川奈まり子先生が取材した怪談「霧」（『実話怪談 穢死』所収）も、「！」標識すぐ近くで起きた、「霧」にまつわる幽霊譚だ。二〇一〇年の出来事というから、体験者がぎりぎり撤去前の「！」標識を見ていてもおかしくない。

雨の日に出る女の霊と、霧の幽霊……かつての笄川をなぞるように、墓地の崖下を「水霊」が闊歩していたのである。

そうした場所に「！」標識があったからこそ、日本中に広まる都市伝説として「幽霊注意の標識」という解釈が生まれたのではないか。

つまり話の順番として、逆なのだ。

「！」標識が示す「その他の危険」という広いワードに、人々が「幽霊注意」の解釈を入れ込んだのではない。

もともと幽霊が出るとされる立山墓地周辺に「！」標識があったからこそ、それが「幽霊注意」を示すものと解釈されたのである。

これは、牽強付会《けんきょうふかい》な当て推量ではない。

だってこの場所は、いまだに「出る」ところなのだから。

といっても近年は、そのポイントが立体的にずれている。

このところ「出る」のは青山陸橋が渡されている、崖の上の方の道なのだ。

青山墓地の上

二〇二〇年五月。イベントでご一緒した川奈まり子先生から、この直前に出くわしたという体験談を聞いた。

先述通り、川奈先生は青山霊園の近くに住んでいる。

日課の散歩のため、根津美術館から青山霊園へと向かう途中、「キックボードに乗った少年」に後をつけられた。ただ、少年はガラガラと音をさせるのみでいっこうに追いついてこない。しばらく歩いた後で振り向くと、いつのまにか少年は消えてしまっていた。見通しのよい一本道なのにもかかわらず、だ。

そんなことが三日も続いたという。

詳細は先生本人の文章『橋の少年』（竹書房：怪談NEWS掲載）をご覧になってもらいたいが、ここではロケーションだけ解説させてもらおう。

まず、根津美術館から都道四一三号をまっすぐ東に進む。

徒歩五分ほどで青山陸橋にさしかかる。キックボードの少年に気づいたのはこの辺りだろう。

橋を渡りきると青山霊園に入る。その間もずっと少年に後ろをつけられている。

さらに三分ほど進めば青山墓地中央の交差点。川奈先生が振り向き、少年が消えていたのはここである。

そして青山陸橋に入る手前、細い北坂（根津美術館脇の北坂ではなく、小さい方の北坂）を見おろせば、十年前まで「！」標識が立っていたポイントが目に入るのだ。

まことに興味深いではないか。

川奈先生は青山霊園の「！」標識がどこにあったかを確認していない。にもかかわらず、先生自身が、標識のすぐ「真上」の地点で、奇妙な体験をしているのだから。


似たような話は他にもある。

ツバサさんという女性が、二〇〇〇代後半あたりに体験した出来事だ。

その頃、ツバサさんは青山・骨董通りのブランドショップにて、デザイナーとして働いていたそうだ。

ちょうど桜が満開となった夜。

その日は終業後、近くの青山墓地で、同僚と花見をする約束をしていた。

ただしオーダーサロンなので、決まった店の終了時間というものがない。作業の終わったデザイナーから霊園へと向かい、だんだんと集合する手筈だったという。

仕事の詰まっていたツバサさんは、いちばん最後にショップを出るはめとなった。もう二十一時を過ぎている。急がないと。

会社の近所で買った酒を片手に、墓地の中心部へと足早に向かっていった。

まだ青山霊園での酒宴が禁止されていなかった時代である。青山墓地中央の交差点付近には屋台まで出ていたので、そこが集合場所に指定されていたのだ。

桜の香りをかぎながら、霊園脇の道路をつっきっていく。

墓群の暗がりから、あちこち楽しげな声が響いてくる。ほのかな灯りが点々としているものの、声の主たちの姿はなにも見えない。

ああ、いい時期だな、早く自分も……と歩調のテンポを上げかけたところで。

「ねーねーそんな急いでどこ行くのー」

右の背後から、軽い口調で呼びかけられた。

若い男の声だ。なんら推理を働かせずとも、ナンパ目的なのは明らかである。

「あ、友達と花見なんです！」

目を合わせると余計に面倒なので、振り向きもせずにそう返す。

「えーいいねー俺らと飲もうよー。ねえ？　すこーしでいーから」

しかし相手はいっこうにめげない。

「いや、友達が待ってるんで！」

「いーねーいーねー俺らと飲もうよー」

めげるどころか、こちらの言葉を一ミリも聞いていないのではないか。

なるべく正面のみを向きながら、足を速める。それでも男はぴったりと、右斜め後ろをずっとついてくる。短髪と細身の長身が、視界にちらちら入ってくる。

「ねーねーいーじゃん、のもーよーのもーよー」

ちょっともう、あまりにしつこい。

また癪にさわることに、ナンパ男のさらに後ろから、仲間らしき男たちの笑い声まで聞こえてきた。

「がんばれよー」「ほらほらー押し弱いよー」

こちらをからかうように、そんなヤジが次々と響く。

さすがにツバサさんの我慢も限界も超えた。後ろの男にぶつかるかという勢いで立ち止まり、勢いよく振り返ると、こう怒鳴りつけたのだ。

「もうっ！　しつこいなっ！　無理だってば！」

その瞬間、いきなり辺りが真っ暗になった。

いつのまにか道路をはずれ、ずらりと墓群が並ぶ路地の片隅に立っていたからだ。

自分の他には、誰もいない。

え？　と硬直するツバサさんの周囲を、

うわあっはっはっはーーーーー

大勢の男たちの笑い声が、ぐるぐると円を描くようにとりまいていった。


ツバサさんが歩いていたのは、川奈先生と同じ都道四一三号のはずだ。その道で、やはり若い男に、しつこく後をつけられている。そして男が消えたのも、同じく墓地中央交差点の辺りだろう。

崖下の「！」標識近くにいたという女の霊については、最近とんと消息を聞いていない。

その代わり、今度は丘の上の道で、男が女性を追いかけまわしているようだ。

伝言メモ

日暮れ時の京都である。

四条河原町から山科《やましな》へと帰るバスが、トンネルにさしかかった。

サリコは、バッグから自分の携帯電話を取り出した。帰宅時このあたりでメールや着信をチェックするのが、いつもの日課だ。

その頃、彼女が働いていた職場は私用電話の持ち込みが禁止されており、通勤のバスまでケータイを開くことができなかったのである。

おや、と思った。

自宅の固定電話の番号が、着信履歴に入っている。

それはまったく不思議ではない。今朝の出勤前、このケータイがどこにあるのか探そうと、固定電話からかけた記憶があるからだ。呼び出し音が鳴ったところで場所を特定したため、すぐに電話を切ったことも覚えている。

しかしその着信に、なぜか留守録の伝言メモが表示されている。当時のガラケーなので、機械そのものの中に保存されたメッセージだ。

奇妙に思いつつも、再生ボタンを押してみた。トンネルに反響するバスの走行音に混じって、録音された声が流れてくる。

「ちょっと×%&！　¥¥%〃※※わかってんの⁉」

まったく聞き覚えのない、女性の怒鳴り声だった。

声の印象は、五十代後半から六十代くらい。けっして上品な感じではなく、酒焼けしたようにガラガラとかすれていた。

激しく怒っているようだが、ところどころ聞き取れない上、一方的に文句をぶつけてくるだけなので「なにについて怒っているのか」はいっさい理解できない。

「だから！　##¥¥でしょう‼　あんた$&%%☆☆‼」

ただし意味不明な部分も、こちらへの「悪口」であることはひしひしと伝わってくる。

一体これはなんなんだ？

もちろん、自分の声には聞こえない。

一人暮らしのマンションであり、テレビもつけていなかったので、間違って誰かの声が入ったことも考えられない。

でもこの着信履歴は、確かに今朝、私がかけたものだ。

だとしたらこれは、あの時の私が入れたメッセージということになる。

何度か聞き返してみたものの、怒鳴っている内容もさっぱりわからず、だんだん怖くなってメッセージを消してしまった。


その時住んでいたマンションは、いわく付きの土地にあった。有名な未解決殺人事件もすぐ近くで起こったし、そばの駐車場で女子大生が殺されたこともある。マンション自体も、訳アリの住民ばかりでいつも出入りが激しかった。

サリコの部屋でも、不思議な足音が聞こえたり、ブレスレットがはじけて切れるということが何度も何度もあった。だから、あの部屋にいたなにかが、自分に向かって罵声を吹き込んだのかもしれない、とも思う。

はたまた、伝言メモを再生している時にバスが通っていたのは、心霊スポットとして有名な東山《ひがしやま》トンネルである。

毎日の通勤でこのトンネルを通っているが、車内を焼け焦げたような臭いが充満することもあれば、突然の故障によってバスが動かなくなることも何度かあった。

はたしてこの謎の留守録は、マンションのせいなのか、トンネルのせいなのか。

京都を離れている今となっては、そのどちらかが原因であっても別に構わない。

というよりも、どちらかが原因であってほしい。

最悪なのは、あそこまで自分を怒っている女から、また伝言メモを残されてしまうことなのだから。

文化祭

ケイの通っていた高校は、百年以上の歴史を誇る、旧制中学から続く進学校だ。

文化祭にたいへん力を入れていることでも有名らしい。

彼女いわく「昔から、生徒全員が命を捧げている祭り」とのこと。

四日にわたる大規模なもので、目玉は各グループに分かれて製作した巨大灯籠。

最終日にはその灯籠を大規模なキャンプファイヤーで燃やす。そして周りを皆で踊り狂い、走り回る。消防団から借りたホースであたり構わず放水する。もちろん泥まみれになるのだが、それでも走り続ける。

「最後になにか言いたい奴いるかあっ！」と応援団が号令すると、燃え盛る炎をバックに、一人ずつ檀上に上がり、愛の告白、学校や部活への感謝を大声で叫ぶ。

奇祭の全要素が詰まったような、狂乱の宴である。

特に受験を控えた三年の生徒たちの力の入れようは、並大抵ではない。

文化祭終了後、燃え尽き症候群から飛び降り自殺してしまった実行委員長もいたらしい……という噂までささやかれているほどだ。

これについては学校が特定されても構わないと思うが、やや曖昧にしておこう。長野県松本市の高校とまで言えば、地元民ならピンとくるはずだ。


さて、生徒会に所属していたケイも、文化祭の間は忙しく働いていた。

担当は、夜中の見回りだ。男女四、五人で校内・校庭を巡り、火元の確認、出店のテントが飛んでいかないかなどの安全をチェックする。

通い慣れた校舎も、真夜中の静けさとともに歩くと別世界に感じられる。そんな非日常性も祭りならではのものだった。

そんな彼らが、旧校舎に入っていった時である。

ジリリリリリ、ジリリリリリ

一階に置かれた公衆電話が、突然鳴り出した。

え？　と皆で顔を見合わせる。

けたたましいベルの音が数回繰り返された後、「……リンッ」と止んだ。

「なにこれ、おかしいよね」

「公衆電話の方が鳴るって、ありえるの？」

「まあ、ないことはないだろうけど」

「心霊現象だったりして？」

「いや、でもこの旧校舎って、ほら……」

そこで全員が気づいた。

この学校には、とある悲劇の歴史がある。

ずっと昔、学校行事の集団登山中、落雷によって十一名もの生徒が亡くなってしまったのである。

この遭難事故の犠牲者たちは、自衛隊のヘリコプターによって高校屋上まで運ばれた。

そこまでは報道もされている有名な事実なのだが――生徒たちの間では、次のような噂がささやかれていた。

犠牲者たちの遺体はしばらく旧校舎のどこかの教室に安置され、そこで告別式まで行ったというのである。

「……あんなの、ただの噂でしょ」

生徒会の中でも特に優等生のＡ子が、冷静に言い放った。

「だって十一人もいたんだよ？　そしたら体育館に運ぶはずだって」

　すると、その言葉に応えるかのように、

　ジリリリリ、ジリリリリリ

　また公衆電話がけたたましく震えた。

「え、どうしよう……誰か出る？」

　固唾《かたず》を呑んで電話機を見つめ続けるが、今度はいっこうにベルが鳴りやまない。そのうち、皆の視線は自然とA子の方へと集まっていく。

「……出ればいいんでしょ」

　A子は乱暴に受話器を取り、自分の耳にあてた。

「ど、どう……？」

　眉《まゆ》をしかめたA子が、こちらに無言で受話器を差し出す。おそるおそる耳を澄ましたが、その通話口からは、特になんの声も音も聞こえてこない。

「まあ、ただの故障でしょ」

　結局、この現象についてはそう結論づけられた。

しかしどうしても納得できなかったケイは、翌日、日本史のB先生を訪ねることにした。母校出身者であるB先生は、例の事故当時、生徒として在籍していたからだ。

「ああ、あの噂なあ……。実はあれ、本当なんだよ」

しかもそれは、二階のとある教室。

まさに電話機の、すぐ真上の部屋だったという。

それ以上は、B先生も話し難そうにしていたので、追及するのは止めておいた。

昨夜の怪現象についても、あえて伝えはしなかったという。

ただ、大人になった今からすれば、同級生だったB先生には、あのベルのことを話してもよかったのではないか、とも思っている。

なぜなら自分たちの文化祭が、彼らの魂を呼び戻す祭りにもなっていた。そう考えることできるのだから。

幽霊を噛んだ話

昭和の終わり頃、名古屋市内でのこと。

ユイさんは、大手メディア企業でアルバイトを始めたばかりだった。マスコミ業界が活況を呈していた時代で、仕事はたいへん楽しかったのだが、問題がひとつだけ。

会社の受付嬢A子のことが、どうしても好きになれなかった。はっきりいって「嫌い」だったのだ。

バイトが決まって初出社した日、ビルの入り口にいたA子を初めて見た瞬間から、とにかく「嫌い」になってしまったのである。

理由は、顔が黒く見えるから。

これはどちらかといえば、ユイさん自身の問題だ。

彼女はたまに、黒くぬりつぶされたような顔の人に出くわす時がある。もしくは、久しぶりに会った知人の顔が、黒い影におおわれていると感じる時がある。

もちろん本当にその人の顔面が黒くなっている訳ではない。ユイさんの目にそう映っているだけだ。

ただ、問題はそこではない。

顔が黒く見えた人々は、きまってすぐに死んでしまうのである。病気や事故など原因は様々だが、一人の例外もなく。

おそらくユイさんの目には、死に近い人の顔、それもあまりいい死に方をしない人の顔が黒く見えてしまう、ということなのだろう。

しかもそうして死を予知した人は必ず、逝去後すぐにユイさんの夢に現れる。さらに夢の中で、必死に「たすけて」「たすけて」と救いを求めてくるのだ。

母親の同級生、高校のクラスメイト、現在住んでいるアパートの住人……。

私はユイさんと十年来の付き合いなので、確かに、「黒い顔」にまつわる体験談は以前から聞き及んでいた。

ただ今回の話については、私にも他の誰にも、これまでずっと語らずにいたエピソードなのだという。

話を戻そう。

これまでユイさんは、「顔が黒く見える」人のことで、ずいぶん嫌な思いをしていた。だからこの時もA子に近寄りたくはなかった。しかし彼女は受付業務をしているのだから、どうしても毎日顔を合わさざるをえない。

また、美人で人当たりのよいA子は社内でも評判がよく、性格にも欠点は見受けられなかった。

こちらの勝手な理由で嫌っていることは、重々承知している。受付に座るA子の前を通り過ぎるたび、挨拶の声をかけられるたび、「関わり合いになりたくない」という意識と、そう思う自分への罪悪感が重くのしかかる。

その苦痛が、ますますA子を「嫌い」にさせていったのである。

そんなある日のこと。

仕事終わりにユイさんが更衣室に入っていくと、先客が一人いた。バイト仲間がベンチに座って煙草を吸っている。ただその様子が、どうもおかしい。

普段おしゃべりな彼女が、こちらに挨拶もせず、ひと言もしゃべらず黙りこくっている。

それだけでなく、険しい顔つきやタバコを小刻みに吸う仕草も、ただならぬ雰囲気を発している。

「どうしたの？　……なにかあった？」

ユイさんが尋ねたところ、ぼそりと低い声が返ってきた。

「A子さんが自殺した」

そのまま問わずがたりに、絶句しているユイさんに事情を説明してくる。

ことの発端は、今日の昼前、会社にかかってきたA子宛の電話だったという。

A子の「母親」が自殺した、との知らせだった。

つい先ほど、自宅にて首を吊って亡くなっているところを発見されたのだ。長期にわたり精神を患っており、発作的に自死を選んでしまったようである。

もちろんA子は、急いで自宅に戻ることになった。

ところが二時間後、A子の家族から会社に「なぜか娘が家に戻ってこない」との連絡が入る。

ただでさえ大変な家族の手を煩わせない方がよい。そう考えた同僚たちが、警察へ通報したのが午後遅くのこと。

そして終業直前になって、当該の警察署から思いもよらぬ連絡が届いたのである。

「そちらの制服を着た女性のご遺体が見つかったんですが……おそらく先ほど通報のあった人ではないかと」

A子は、近所にある団地から飛び降りたのだった。

七階の飛び降り地点には、簡単なメモ書きが置いてあった。

〝もう生きていられないの〟

残された父と弟、そして結婚を目前に控えた婚約者に宛てた遺書だった。

――私のところへは来ないでくれ

ユイさんの頭にまっさきに浮かんだのは、そんな言葉だった。

顔が黒く見えた人が死ぬと、その人たちはいつも、自分の夢に助けを求めてやってくる。

しかし自分にはどうすることもできない。それはとても苦しくて、やりきれない。

だから頼むから、私のところへは来ないでくれ、と。

しかし案の定、その日の夜、A子が夢に出てきてしまった。

夢の中で、ユイさんはバイト先の会社にいた。数名の社員が、下階行きのエレベーターに列をなして並んでおり、自分もその順番待ちをしている。

ようやくエレベーターが到着し、皆ぞろぞろと箱の中に入っていく。しかし、ちょうど自分が足を踏み入れたとたん、定員超過のブザーが鳴ってしまう。

ああ乗れないのだな、と後ずさったところで、すし詰めになった人々の一番奥から誰かが顔を覗かせた。

A子だった。

社員たちの間から、内緒めいた感じでこっそり、自分を見つめている。

エレベーターの扉が閉まったところで、ユイさんの目が覚めた。


——ああ、来てしまった。


次の日から、ユイさんの体はみるみる痩せていった。きちんと三食を摂っているのに、わずか一週間で七キロも体重が落ちてしまったのである。

体だけでなく、心も急激に病んでいった。

一日に何度も、理由もなく突然泣き出してしまう。自分のものではない感情が、心の奥底に渦巻いている。

同居している両親の前で、突然あらぬことを騒ぎ立てたりもした。自分でなにを言い出すのか、まったくコントロールできない。後からその内容を確認してみると、どうも自分がA子になりかわって、恨み言を連ねているようだった。

心配した親が霊能者を頼ったりもしたが、事態はいっこうに改善しなかった。


そんなある時。

自宅のベッドで横になっていると、いきなり悪寒に襲われた。

頭の下から、ぞわりという感触が伝わる。目の端でなにかが動いた。首を右側に傾けると、枕の下から、白く細長いものがすうっと伸びているのが見えた。

人間の右腕。もちろん自分のものではない。

A子の腕だ。強くはっきり、そう感じた。

右腕は、ゆっくり空中で弧を描きながら、こちらに近づいてくる。

顔をなでるようにして通り過ぎると、その手のひらが、自分の首もとをつかんだ。

絞め殺される。

そう思った瞬間、唇が大きく開いた。

口元にあった前腕のふくらみに上下の歯をあてて、

——がぶり
と噛みついたのだ。

右腕は、驚いたようにびくっと震えた。

首にかけた手の力がゆるみ、そのまま腕はするすると、枕の下へ消えていったのである。

翌日から　ユイさんの体調は一気に回復し、精神状態もすっかり落ち着きを見せた。

夢にも現実にも、A子が現れることは二度となかった。


それから三十年以上が経過した。

かつてバイトしていた会社は移転しており、旧社屋ビルは少し前に取り壊された。再開発プロジェクトによって、跡地には外資系のホテルが新築されるそうだ。

もうそろそろ、人に話してもいい頃合いだろう。

「幽霊に噛みついた感触は、まるでゴムホースのようで、味はいっさいありませんでした」

ユイさんは、そんな感想を漏らしていた。

呼び出し音

私の知人女性が、結婚に関しての、とある相談を受けた。

相手は弟の知り合いで、二十代後半の女性。仮にレイコとしておこう。

相談といっても、もう相手の男性と「結婚しない」ことは決めているらしい。

ただ、その理由が常識から外れているため、他の人の意見も聞いておきたいというのだ。

常識から外れているとは、つまり私がよく扱っている、怪談めいた理由ということ。そのため話を聞いた知人女性が、また私に「これはどういうことなんですか」と意見を求めてきて……。

そんな具合に、巡りめぐって私の元に届いた相談内容を、なるべくレイコ本人が語ったままに再現してみよう。


「この連休、俺の実家に遊びに来ないか。レイコのこと、親に紹介したいからさ」

先日、付き合っている彼から、そんな誘いがありました。東京の職場で一緒に働いていている男性です。私もそろそろ結婚の話が出てくるかなと思っていたところだったので、もちろんＯＫだと伝えました。

都内から北関東の郊外まで、車を半日ほど走らせて着いたのは、昔ながらの大きな屋敷でした。

なにしろ初めて訪れる彼の実家に、ガチガチに緊張していた私。でも彼のご家族は、大がかりなバーベキューを用意し、これでもかというくらいに歓迎してくれたのです。

広い庭に設置された、大きな鉄板二つと、大量の木炭。トレイには肉と野菜が大量に並べられ、お酒もどっさり揃っています。

近所の人たちも招いたバーベキューはとても賑やかで、まるでお祭りのようでした。彼の家族ともすぐに打ち解け、楽しい時間があっというまに過ぎていったのです。

そうこうするうちに緊張もほぐれ、飲み物もたくさんいただいた私は、トイレに行きたくなってきました。

「ちょっとトイレ借りるね」

そう断って、屋内にあがらせてもらいました。考えてみれば、到着してからずっと庭にいたので、家の中に入るのはこれが初めてでした。

トイレをすませ、また庭に戻ろうと、お屋敷の薄暗い廊下を歩いていた時です。

廊下に面した部屋――おそらく居間のような――の襖が開いていたので、なんとなく中をのぞくと、小机の上に大きな写真が飾ってあるのが見えました。

若い女性の写真でした。髪が長く、聡明そうな、とても美しい人です。大人びた顔立ちですが、高校の制服らしきものを着ているので、十代半ば過ぎの少女なのでしょう。

でも確か、彼は一人っ子のはず。

（親戚の娘さんだろうか？　でもこの家の子じゃないとしたら、ずいぶん大げさな飾り方だなあ）

なんだか気になってしまったので、庭に戻るなり、彼に写真の子が誰なのか尋ねてみました。

しかし彼は、なんだかバツが悪そうに答えをはぐらかします。

「ああ……あれは、まあ、いいからいいから。気にしないで」

それについては俺も話したくないんだ……といった空気を察してしまい、私は、「ふうん」と答えるしかありませんでした。

夏の長い陽もようやく暮れていき、盛り上がったバーベキューがお開きになりました。

この時期ですから、体にはべったり汗と煙のにおいがしみついています。

さすがに気持ち悪いし、今日はこの家に泊まるので、彼の家族にも迷惑かもしれません。布団だって汚れてしまうでしょう。

「ねえ、お風呂って、いつ入れるのかな？」

お願いを兼ねた質問を彼に投げかけると、

「えっ⁉　……お風呂つかうの？」

いきなり、すっとんきょうな声をあげて驚かれました。

「そうか風呂か……いやでも風呂に入るなんてのは……今日じゃなくても……なあ？」

眉をしかめ、もごもごご言葉を濁しつつ、こちらを牽制してくるのです。

（なに……？　お風呂借りるってそんなに迷惑なこと？）

彼の態度にとまどいながら、「だって臭いじゃん」と少し強めにお願いしていたら、様子を見ていた、彼のおばあちゃんが割って入ってきました。ただその声のトーンは低く、明らかに迷惑そうなニュアンスです。

「ねえレイコちゃん……どうしてもお風呂に入りたいの？」

「はい。ちょっと、汗かいちゃって気持ち悪いので。お風呂に入りたいです……」

予想外の対応に、私もムキになっていたのでしょう。遠慮がちにですが、自分の希望を曲げませんでした。

「そう……。じゃあひとつ、絶対に守って欲しいことがあるんだけどね」

それまでとても優しかったおばあちゃんが、突然、小さい子を叱るような声色を出してきたのです。

「お風呂場に入ったら、声を出さないでね。なにがあっても絶対に声を出しちゃダメ。——いいわね？」

言いつけられたのは、なんだかおかしな要求でした。

「おばあちゃん、でも今日いきなりなんて……レイコだってまだ……」

「遅かれ早かれ……いつかは仕方ないでしょう」

まだ納得していない様子の彼が食いさがりましたが、おばあちゃんに小声でたしなめられています。

（……この土地の、独特の風習かな？）

そう思った私は、とにかく「わかりました」と頷いたのです。


でもお風呂場に入ってビックリしました。

その家の浴槽は、薪を燃やして温める「五右衛門風呂」だったからです。さすがに木桶ではなく、ホーローか鉄の金属製でしたが、ガスで温めなおすことも出来ません。

とにかく先にお湯につかりました。じゅうぶん体が温まったところで浴槽を出て、頭と体をしっかり洗っていきます。幸い、洗い場の方はそこそこ現代風の設備が整っていました。

煙臭くなった髪をシャンプーで洗い流している、その時でした。

ピピピピピピピピピ……

突然、どこからか電子音が鳴りはじめたのです。

外でアラームが作動したのかと思い、窓を開けました。でも、違ったようです。

(あれっ？　なんだろう)

どうもその音は、今、私のいるお風呂場で響いているようなのです。

……ピピピピピピピ……

浴室に甲高い音が反響しています。しかし桶やイスをひっくり返してみても、音の出所はわかりません。

そうこうするうち、それが聞き覚えのある音だと気づきました。

昔の携帯電話のベル、スマートフォンではなくガラケー、それもかなり古い機種。昔の、まだ折りたたみできない、まっすぐのケータイ……ずっと前に父親が持っていた……そう、J-PHONEのJ-SH04の呼び出し音にソックリだったのです。

ピピピピピピ

私の記憶がよみがえったのを察したかのように、音はより力強くなりました。いくら無視しても、耳ざわりな呼び出し音は、いっこうに止む気配がありません。

ピピピピピピピピピピ

「うるさい！」

思わず叫びかけましたが、ぐっと喉元でこらえました。

おばあちゃんの言いつけを思い出し、彼や彼の家族に聞こえるのを怖れたからです。

まだ髪を流しきってないし、体も石鹸で洗っていません。でも音の響きがあまりにも不快で、もう諦めざるをえませんでした。とにかく急いで体を拭き、着替え用の服に袖を通し、逃げるように脱衣場のドアを開けたところで、

「あっ」

驚きの声をあげてしまいました。

扉のすぐ前に、彼が心配そうに立っていたからです。彼は私を見るやいなや、

「大丈夫だった？　なにもなかった？」

心配そうに尋ね、こちらをじいっと見つめてきます。

お風呂に入っただけでなにを大げさな……と困惑しつつも、

「別に平気だよ。でも、なんかお風呂場で変な音が鳴ってるけど」

そういいながら振り返りましたが、いつのまにかあの電子音はピタリと止んでいました。

「あれ？　いや、さっきね、昔のケータイのベルみたいな音がしてて」

などと彼に細かく説明しようとしたのですが、

「うんうん、そうだよね」

意外にも、そこはあっさり受け流されてしまいました。

「そんなことより、レイコはなにも返事しなかったよね？」

おそるおそるといった口調で、彼が聞いてきます。

「返事？　あの音に？　いや、ずっと無視してたけど……」

「本当に？　電話は出なかったんだね？」

意味がわからずキョトンとしてしまいましたが、そんな私の様子に、彼は安心したようです。

「それならよかった……」

そのまま彼に連れられ、私たちは裏庭の方へ出ていきました。きょろきょろ辺りをうかがう彼の様子から、これから家族に聞かれるとまずい話をするのだなと感じました。

「念のため、言っておいた方がいいと思うから……」

先ほど私が見かけた、居間に飾ってある女性の写真。あの美少女は、彼の幼なじみなのだそうです。昔からお互いの家を行き来するほど仲が良く、親同士はゆくゆくは結婚させようと考えていた、「いいなずけ」のような存在だったそうです。

「あくまで親の考えで、俺は別にそう思っていなかったんだけど……」

そんな二人が高校三年生の時。今と同じ時期の、夏休みのある日。

彼女がこの家に、泊まりにきたのだそうです。幼なじみですから、互いの家でのお泊まり自体は、幼い頃に何度も重ねていたようですが。

「ただ大きくなってからというか、中学生以上になってからは、さすがに初めてだったかな……まあそんなことはともかく……」

そこで彼女は、あのお風呂に入ったのだそうです。

「しばらく待ってたら、風呂あがりの彼女が、怪訝そうな顔で戻ってきてさ」

――ねえ、お風呂場にいた時ずっと、変な音が鳴ってたよ――

……ピピピピピピピピピピ……

――なんかね、ちょっと昔のケータイの呼び出し音みたいな――

十年前の出来事ですが、彼女もまた私と同じような表現をしたそうです。

ただその時の彼女の行動は、私と少し違っていました。

……ピピピピピピピピ……

あまりにしつこく鳴る音に、彼女はふざけて返事をしてしまったのです。

――はーい、もしもーし――

翌日、彼女は亡くなりました。

屋敷の裏手にある雑木林で、首を吊っていたのです。真夏のこと、草むらの中でたくさんの虫にたかられて、顔も体も真っ赤にかぶれていたそうです。

「あんなに明るい性格の彼女が、前日までそんな素ぶりも見せなかった彼女が、なんで自殺なんかしたのか……。理由なんて誰にもわからない。その電子音ってのが、なんなのかもわからない」

でも、とにかく自分は今でも毎年、彼女のお墓まいりに行っているんだよ。

彼は、そう言って話を終わらせました。

もちろん、そんな説明で納得できるはずありません。

「どういうこと？　あなた、さっき『電話に出なかったか』って聞いたよね。彼女はその

『もしもし』って言った後、もっとなにか話したってことじゃないの？」

私はその場で、彼を問いつめました。

「ねえ、なんで彼女はわざわざ、この家に泊まりに来たの？　あなたときちんとするためじゃないの？」

彼は否定も肯定もせず、もごもごと口をにごすだけです。

「つまり私と同じように、あなたと結婚しそうな女が、お風呂を使ったってことでしょ？」

「……もういいから。とにかくレイコは、お風呂で声を出さなきゃ、それでいいんだよ……」

「あなたや、あなたの家族は、そのことについてなにか知ってるんじゃないの？」

だんだん怒りがこみ上げてきた私は、かなり大きな声を出していたはずです。

「その彼女は電話に出て、誰と、なにを、しゃべったの？」


――結局、その連休を最後に、私は彼と距離を置くようになりました。

もう結婚は考えていません。すぐにでも別れると思います。

だって彼、黙ったままなにも答えないんです。明らかになにか知っているのに。私よりも大切ななにかをかばって、それを教えようとしないんです。

そのまま結婚するなんて癪だし、なにが起こるか知れたものじゃないですよね。
……それでここからが相談の本筋なんですけど。
いったい、あのお風呂場の電話って、なんだったんでしょう？
もちろん私をふくめ誰一人として、レイコの質問にこたえられる人間はいなかった。

死人マンション

我々のような人間は、人死にの出た事故物件を「心霊」と結びつけがちだが、案外そうでもないらしい。

マコさんは生まれてから現在までずっと、西日本某所のマンションに住み続けている。同物件の中で、両親が部屋をいくつか購入し、一階で商店を営んでもいる。自分や妹が社会人になり結婚しても、別の部屋を割り振ってもらっているのだ。

だからマコさんは、あまりに人死にの多いこの建物の歴史を、完璧に把握している。

はじめは小学一年生の時だ。

外で遊んでいたら、すぐ近くで、土嚢《どのう》袋が落ちるような「どさあっ」という音がした。

落下地点に駆け寄ってみると、まだ少年といってもいい男の子が倒れていた。

糸の切れた操り人形のようなかたちで寝そべっている。手足がありえない方向に曲がっていたものの、目だけはしばらく生きていたそうだ。

高校受験に失敗して自殺した子だと、後から知った。町外に住んでいるにもかかわらず、周辺で一番高いビルだからと、わざわざここに来て飛び降りたらしい。

マコさん一家の店の前だったので、地面にこびりついた血を、母と一緒にゴシゴシ掃除させられた。

しかし、その少年の幽霊が出てくることはなかった。


もう少し大きくなった頃、三階の303号室で人死にが連続した。

最初は、顔見知りのおじさんの孤独死だった。ずいぶん時間が経っていたせいか、運ばれていく遺体をのぞいてみたら、全身がドラえもんのように真っ青になっていたことを覚えている。

次に303号室に住んだ女性は手首を切っての自殺。次の人は、やはり屋上から飛び降りて死亡。

それが二年ほど立て続けに起こった。人が越してきては、すぐに死んで空き室となるという事態が、その間だけで三件も繰り返されたのだ。

ただ、彼らの幽霊もまったく出てくる気配がない。

さすがにあそこ、もう誰も住んでないやろうな……と思っていた矢先。

マコさんたちの部屋に、刑事が聞き込みにやってきた。

「303号室で、子どもさんが死にました」

どうも親からの虐待死を疑って捜査しているようだ。

「やせこけた子がいたとか、叫び声とか聴いてませんか?」

マコさんは首を横に振った。そもそも、そんな家族が入居したことすら知らなかったのだ。

「そういえば、先週、小さい子が救急車で運ばれていったなあ」

後でマコさんの母がそんなことを言っていた。ぐったりした我が子の後ろにつきそっていた母親が、泣き叫ぶどころか視線を向けもせず、他人事のように落ち着いていたのが印象的だったという。

彼らが問題の部屋に越してから、一ヶ月ほどしての出来事だった。

その子の幽霊も、いまだ出現していない。

最近、妹が風呂で湯あたりしたので介抱していた。

テレビを消したリビングに寝かせ、ちびちびと水を飲ませていたのだが。

そのうちどこかで、「ぐじゃっ」とトマトが床に落ちる音がした。

「なんかトマト落ちたな」

実際、妹にもそう言った。

それからすぐに救急車のサイレンが聞こえてきたので、妹がビックリした顔で。

「湯あたりなんかで救急車呼んだの?」

呼ぶ訳ないやろ、と言いつつベランダから外を覗く。

真下の駐車場が、血の海になっていた。

トマトと間違えた住人も、今のところ化けて出てはいない。


そういえば子どもの頃は、いつも妹と二人で夜遅くに留守番をしていた。

一階の商店の仕事が深夜まで終わらないため、両親は気軽に自分たちだけを部屋に残していたのだ。

そんなある晩、妹がいきなり騒ぎ出したことがあった。

「お姉ちゃーん。窓から手が出てるよお」

なにをいっているんだと思いつつ、ウナギの寝床のように奥まったリビングの、向こう側を凝視してみると。

確かに、廊下に面した窓から、白い人間の腕が垂れ下がっていた。

よく見れば、傷にまみれた女の腕である。泥だらけの上、刃物でつけられたような傷が幾つもついて流血している。

こちら側に見えているのは肘から上だけなので、その先の体がどうなっているのかはわからない。

驚いているうち、その腕が、ゆらり、と上がっては、ひらり、と下がった。

ゆらり、ひらり。同じ動作を繰り返している。

まるで自分たちを手招きしているようだ。

「お母さんかもしれん。うちらを怖がらせようと思って」

姉妹でガタガタ震えているうち、白い腕はするりと窓の向こうに引っ込んだ。

そこで入れ違いに、母親が帰ってきた。

「お母さん、変なイタズラしたでしょ」

「店が忙しいのに、そんなことしよらん」

大人になって考えてみても、確かに母がそんなマネをする訳がない。

それでもマコさんは、あの血だらけの腕を、生きた人間のものだと思っている。

どうせ自殺しようと腕をずたずたに切った女か、あるいは男に刺されて死にかけた女が、廊下をうろついていただけだろう、と。

このマンションではそちらの方が、幽霊の出現よりもよくあることだから。

ただしマコさんは一度だけ、死んだ後の人間を見たことがある。

この地域には「分団会」というシステムがあった。高学年の生徒が、一年生の子たちの登下校に付き添ってあげるというものだ。

六年生のマコさんは分団長として、マンション内の児童たちの行き帰りを見守っていた。その中でとりわけ仲良かったのが、ゆうくんという男の子だ。最上階の部屋に住んでいる子で、いたずら好きながら可愛いげに溢れていたという。

そんなゆうくんは十歳の時、諸々の事情でマンションを引っ越していってしまった。それが最近になって、十五年ぶりの再会とあいなったのである。

「久しぶり。俺、今度、結婚するんだ」

マコさんたちにそれを報告するため、一階の店まで訪ねてきてくれたのだ。

「わあ、すごいね。ゆうくん、おめでとう！」

皆で祝福をした、その夜のこと。

午前二時頃、ふとマコさんの目が覚めた。

自分が寝ている部屋の隣から、女性のすすり泣く声がする。

これはいけない――とっさにそう感じた。

そうっとドアを開け、ほの暗いリビングを覗いてみた。

女性が泣いている。シルエットだけしか見えないので、細かい顔や格好はわからない。

しかしマコさんには心当たりがあった。

ゆうくんのお母さんだ。

彼女は、ゆうくんが十歳の時に死んでいる。駐車場に停めた車の中で、不倫相手とともに練炭自殺を果たしたのだ。

薄闇の中、しくしく、しくしくと声をあげ、女の影が震えている。

その様子を見ているうち、マコさんの胸中は、恐怖から怒りへと移り変わっていった。

息子が結婚するのが、そんなにさみしかとか。

あんた、どんなつもりで帰ってきたと。

他の人たちは、誰もこのマンションに戻ってこんのに。

あんただけが、このマンションに戻ってくるんか。

「あんたが置いてっちゃったろ。今さら泣いてもいかん！」

思わずそう叫んだとたん、影はどこかへ消え去ったという。

少年院のテレビ

ヨウタは二〇〇〇年代初めに、二年ほど少年院に入っていた。

「暴走族に入っていた関係」らしいが、詳しい事情は訊いていない。

こちらの興味はむしろ、少年院ならではの怪談というものがあるかどうかだ。

「いや、そういう話は全然ないですね。少年院は基本的に私語禁止なので、怪談はむしろ生まれにくいですよ」

なるほど。それは確かにその通りだ。「学校の怪談」と同じイメージで捉えてはいけない。少年同士でも、教官たちとも雑談をしないのだから、無駄話の最たるものである「怪談」は発生しにくいはずだ。

ただ逆に言えば、そうした雑談のない環境だからこそ、追及されない「謎」が多く残されてしまうのも、また事実のようだ。

「まあ、少なくとも自分のいた施設には、おかしなところが幾つかありました」

その院では1寮2寮3寮が同じ建物に併設されており、5寮6寮が別棟となっていたそうだ。

「4は縁起が悪いので存在しないんです。そこは昔のホテルと同じ感覚ですね」

ショウタが過ごしていたのは1寮。2寮は独房で、その上にある3寮は、なぜか全体が封鎖され使われていなかった。つまり、その建物で少年たちが生活しているのは1寮だけとなる。

ただ一度だけ、ヨウタが3寮の中に入る機会があった。年末の大掃除には、その部分の片づけも少年たちが行うからだ。

普段は誰も出入りしないのだから、無機質ながらんとした空間である。しかし通路を掃除していた途中、一部屋だけ、なにやら人の気配を感じるところがあった。

扉を開けて覗いてみる。当然だが、中には誰の姿もいない。

しかしそこだけ筆記用具の置かれた机があり、文庫本の並んだ本棚があり、制服もかけられている。明らかに最近まで、もしかしたら昨日まで人が生活していた様子があるのだ。

不審に思いつつ、ヨウタが掃除するため入っていくと。

「止まれ！」

離れたところから見ていた教官の怒声が響いた。

「そこはダメだ。絶対に入るな」

なぜか、そう厳命してくる。いつもは全体が封鎖されている寮なのだから、今ここだけ立ち入り禁止にする意味がわからないのだが。

「なにか動かしたか？　物をずらしたか？」

動かしてません、と答えると、

「本当だな？　そのままにしておけ」

本や服に筆記用具の他、特に変わったものがある訳ではない。この部屋の状態を変化させたら、なにが起こるというのか。

これが学校の教師と生徒なら色々問いただすのだろうが、少年院では命令どおりにするしかない。たとえ素朴な質問だろうと、教官の印象が悪くなれば損をするので、黙って従うばかりなのだ。

「そこで突っ込んで訊けば怪談が収集できたかもしれなかったのに、すいません……」

とはいえ、こうした「謎」に、もう少しだけ肉薄したこともある。

ある夜遅く、ヨウタは尿意をもよおして目が覚めた。

消灯後もトイレに行くことは許されており、いちいち許可をとる必要もない。

寮の各部屋のドアは、天井と壁に隙間があいている。十五センチほどの隙間だが、外からの音はよく聞こえてくる。

だからその時、周囲のフロアに人の気配がなかったことは、確かなのだ。

しかし部屋を一歩出たとたん、L字に折れた廊下の向こうから、男の話し声が聞こえることに気がついた。

会話をしているようだが、複数ではない。大人の男が一人でしゃべっている様子だ。

(教官かな。会いたくないな)

いったん立ち止まり、様子をうかがう。

するとしばらくして、声がやんだので、そうっと歩を進めてみる。

L字を折れたところはホームルームの教室だ。今は真っ暗になっており、ひっそり静まり返っている。ここに教官がいたのかと思ったが、もう去っていったのだろうか。

そのまま奥のトイレに入り、用を足していたところで。

突如、周囲を大音響が包んだ。

「ビクッと小便が止まるほどの爆音でしたよ」

スピーカーを通した人の声のようだが、なにをしゃべっているのかはいっさい聞き取れない。とにかく、非常事態でも起こったのかと不安になるほどのボリュームだ。手も洗わずにトイレを飛び出す。

するとホームルームの方から、かすかな明かりが漏れているのが見えた。ガラス張りになっているので、廊下からでも室内の様子がよく見える。

テレビがついているのだ。この大音量も、どうやらそこから響いているらしい。

ついさっきまで消えていたのだから、勝手に電源が入ったとしか思えない。

(なんだ？　そういう故障か？)

しかし映っている画面は、とても奇妙なものだった。

まず白黒である。ざらざらと粗い画質で、ところどころノイズが走っていたりもする。

それでも、中年男性の胸から上が映されていることはわかる。画面の前の誰かに、なにかを必死に訴えかけている表情であることも。

その声が部屋の外まで轟いている。耳をふさぎたくなるほどの、ものすごい音だ。

(どうして誰も気づかないんだ？)

別室のやつらにも教官たちにも、これが聞こえないはずがない。いきなり自分の耳がおかしくなって幻聴でも聞こえてしまっているのか？

しかも、だ。声のトーンが、次第に険しくなっているようだ。それにつれてテレビの男の顔も、どんどん怒りに歪んでいく。異常なほどの剣幕で、こちらに向かって怒鳴りつけている。

「これはもう、絶対にテレビ番組じゃない。故障でもない。もうあの男が、怒り狂った勢いで画面を飛び出してきそうで……」

恐怖のあまり逃げ出した。そして部屋のベッドに入り、耳をふさいで縮こまっていたのである。

翌朝七時、教官が起こしにくる。日課の朝礼のため、全員廊下に整列させられる。

そこでヨウタは意を決して、昨夜の報告をしてみたのである。

「先生、夜中にテレビついてました」

ものすごいボリュームの音も出てました。白黒画面で、怒っているオジさんの顔が映っていて……。

などと説明しているうち、教官からは意外な反応が返ってきた。

「馬鹿いってんじゃねえ！」

いきなりヨウタの証言を全否定し、怒りだしたのである。

「確かに見たんです」「そんな嘘つくはずないじゃないですか」と弁明しても、教官はいっさい聞く耳を持とうとしない。

「いや、こっちとしては意味不明ですよ。故障なら故障でいいじゃないですか。なんで最初から怒りだすのか、と……」

それどころか、ヨウタに対して懲罰まで加えようとする勢いだ。

さすがに見かねたのだろうか、隣室の少年が手を挙げてこう言った。

「それ、僕も見ました」

彼も明け方にトイレに行ったのだという。テレビに中年男性が映っていて、大音量が流れていたが、なぜ廊下に出るまで聞こえなかったか不思議だった、と。

「……本当に見たのか」

その報告を聞いたとたん、教官の顔が青ざめるのが見て取れた。

「そこからはもうバタバタで……朝礼は教官一人だけのはずなのに、他の人も呼んできて、俺たちの前なのにひそひそ相談してて」

なんとその日のうちに、ホームルームのテレビが、新しいものへ取り換えられたのである。

そこまでするからには、なにか大きな理由があるのだろう。

教官たちがおびえるほどの、なにかが。あの少年院に隠された「謎」が。

「でもやっぱり、それ以上はなにも聞けませんでしたねえ」

関東某所にある中等少年院での出来事だ。

窓から首ひょこひょこ女

最近、「窓から首ひょこひょこ女」という怪人が出るらしい。

読んで字のごとく、窓の向こうから首だけ出して、室内を覗いてくる女なのだという。といっても聞き覚えのない人がほとんどだろう。噂の出どころは5ちゃんねる。「なんでも実況J板（なんJ）」にて、二〇一九年十月、十一月および翌二〇二〇年四月にスレッドがたてられ、ほんの少し話題となった程度の、すこぶる新しい都市伝説だ。

女の覗く窓が一階なのか、二階以上なのかはケースバイケース。寝ている時に窓から部屋を覗かれた、夜中のジョギング中、建物の窓を覗く女を見かけた……といった証言が複数人により書き込まれている。

これらはまだ「都市伝説」までには流行（成熟）していない、単発の「ネット怪談」と捉えるべきだろう。いや、「怪談」という広いジャンルに入れていいかどうかすら危ぶまれる。はたしてそれが人外の化け物なのか、それとも実在する頭のおかしい人間なのか、いまいちハッキリしていないからだ。

端的に言って、一階の窓なら変人に狙われたという「ヒトコワ」話だろうし、二階以上の宙に浮かばないと覗けないような窓なら「怪談」の可能性が高くなるだろうが……。

それはともかく。この噂が面白いのは、東京都八王子市という特定地域に、その目撃エリアが限定されているところだ。

5ちゃんの情報をまとめると、「窓から首ひょこひょこ女」の出現範囲は、八王子駅より西の方向、浅川《あさがわ》という川からほど近い範囲となる。

そしてその辺りは、私・吉田が非常によく知る地域だ。掲示板に書き込まれた情報を読みながら、周辺の風景まで細かく思い出すことができる。

なぜならそこは、私が生まれ育ち、今も実家のある土地だからだ。

そういった点からも興味を惹かれた私は、ツイッターなどSNSや、自分が出演するイベント、テレビ番組などで「窓から首ひょこひょこ女」の情報を広く求めてみた。

するとやはり、八王子近隣エリアで似たような女を見かけたとの目撃譚が、いくつも集まってきたのである。

……とはいえ今のところ、「窓から首ひょこひょこ女」を特定したと言える状況ではない。寄せられた情報を吟味してみれば、場所はともかく時期については数十年スパンの広さにわたってしまっている。化け物であれ人間であれ、各証言者が見たのが「同じ女」だったとは考えにくい。

ともあれ本書のため、私に寄せられた証言の中でも、より怪談めいた事例を紹介しておこう。

＊　＊　＊

・アレックスさん（女性）の体験談

あの女には、何度か覗かれた経験があります。

最初は数年前、夏の夜のことでした。

自分の部屋で寝転んでゲームをしていた時、なにかの視線を感じました。カーテンが開いた窓の方へ目を向けると……見知らぬ女の顔が、こちらを覗いていたのです。

すぐに、生きた人間ではないと察しました。

私の部屋は二階です。それに女の顔面は、なぜか半透明に、薄く透けています。

なにより、その顔は「真横」になっていたのです。

右側の窓枠から九〇度に、正面を向いてせり出した顔が、じっと私を見つめています。

私は声もあげられず、とっさに顔を下へ向けました。なんというか、自分が女に気づいたことを、女に気づかれるのが怖かったんです。

気づかないふりをするため、うつ伏せのまま、ゲームのコントローラーを適当に動かし続けました。時折、ちらりと横目で確認しますが、女の顔は窓の向こうからピクリとも動きません。

そんな膠着状態が、数十分も続いたでしょうか。

体も心も限界が近づいた頃、ようやく動き出すキッカケができました。

「コンビニに買い物行くけど、買ってくるものある？」

一階の母親から、そう声をかけられたのです。

「あ、私もいく！」

自然なかたちで部屋を逃げ出すことができました。階段を駆けおりて、部屋着のままで母の車に乗り込みます。

そこで、ギクリと体がかたまりました。

母が座っている運転席。その横の窓ガラスに、あの女の顔が映っていたのです。

さっきとは違い、縦になった向きで。そしてさっきと違い、怒ったような表情をして。

女は、じいっと母を睨みつけていました。まるで私を部屋から出したことを、非難するように。

その後も、ベッドで寝ている時、窓の向こうから女に部屋を覗かれたりしました。そんな時はいつも、気がつかないフリをしつつ、背を向けるように寝がえりをうっていました。もちろん怖かったので、窓の上に神社のお札を貼ってみたりもしました。するとしばらくの間は、なにごともなく過ぎていったのですが……。

また違う年の、夏のことです。

その夜も、いつものように自分の部屋で寝転んでいました。エアコンはつけず、窓の片面を網戸にしていました。外の風を入れると、ちょうどいいくらいの気温だったのです。なにげなく、そちらに視線をやったところで、久しぶりに見てしまったのです。

あの女の顔です。

網戸にしていない方の窓ガラスに、それは映っていました。縦向きで、やはり半透明に透けています。

こちらは例によって見えないフリをしたのですが、その夜はいつもと少し違っていました。

すっ…すっ…すっ……と、女の顔が、ゆっくり網戸の方へスライドしていくのです。

――この部屋に、入ってこようとしている！

どうしよう。どうすればいい。今すぐ逃げようか。でも自分が気づいていることを女に知られるのは怖ろしい。そのとたん、女が全力でこちらに迫ってくるような気がする。でもこうしているうちにも、女が部屋に入ってきてしまいそうだ。

無視しなければいけないのに、ちらちらと横目で確認してしまいます。ゆっくりした動きながら、顔はもう網戸のすぐそばまできていました。

これまで私は、窓ガラス越しにしか女の顔を見ていみなかった。それなのに、直接見てしまったらどうなってしまうんだろう。

そう考えたら怖くなって、思わず真下に目を逸らしたのですが。

「ひっ！」

小さな悲鳴をあげてしまいました。

部屋の中で、無数の小さな黒い虫が、びっしりうごめいていたのです。

数えきれないほどの、羽アリでした。

網戸はきちんと閉めてあるのに、いったいどうやって入ってきたのかわかりません。

ところが窓に目を向けると、確かに閉じていたはずの網戸が、五十センチほど開いているのです。ちょうど人が一人分、ぎりぎり通り抜けられるくらいの隙間でした。

——入ってくる！

慌てて立ち上がり、逃げようとしたのですが……。

女の顔は、もう消えていました。

大量の羽アリの他には、室内にはなんの異常はありません。

そしてこの日から現在まで、女が窓を覗くことはなくなりました。

……これもやはり「窓から首ひょこひょこ女」なのでしょうか？

吉田さんに教えられて、5ちゃんねるをチェックしてみましたが、長期にわたって何度も覗かれるというケースは見当たりませんでした。「部屋に入ってくることはない」とも書いてあったのですが……。

私の見たものが、皆が言っている「窓から首ひょこひょこ女」と同じものなのか、まったく別なのか気になってしまいます……。

＊　＊　＊

アレックスさんの質問に、確定的な答えを出すことはできない。

ただ私個人の感想として、言い添えておきたいことはある。

アレックスさんの視点は「逆」なのではないか？　ということだ。

その女は、窓の外から部屋を覗いていたのだろうか。

そうではなく、女はずっと部屋の中にいたのではないか？

その半透明の顔は、内部から窓ガラスに写りこんでいたのではないか？

そして最後に、網戸を開け、部屋の外へと出ていったのではないだろうか。

そうなるとこの話は、「窓から首ひょこひょこ女」とは外れてしまうのかもしれないが……。

ともかく、これはこれで個人の体験談として、ひとつのサンプルとして拝聴するのみである。

＊　＊　＊

もうひとつ、簡単な事例を紹介させてもらう。

・熊田さん（男性）の知人女性の体験談

吉田さん、「窓から首ひょこひょこ女」について調べているんですか？

些細なことなので僕も忘れていたのですが。ずっと昔、女友だちのA子から変な話を聞かされていたことを思い出しました。

短い間ですが、彼女は西八王子駅と高尾駅の間にある、某団地に住んでいました。僕も一度だけ遊びに行ったことがあります。昭和っぽいつくりの、ずいぶん古めかしい公営住宅でした。

A子が住んでいたのは、団地とは思えないほどこじんまりした建物で、その二階にある部屋でした。

そして彼女は私に、自分の部屋についての愚痴をこぼしてきたのです。

「あそこの窓。そこからよく、見知らぬおばさんが覗いてくるのが、気持ち悪いんだよね」

最近引っ越してから、それが何度も何度も続いている、というのです。

さきほども言った通り、彼女の部屋は二階です。道路側に面した窓で、ベランダなどもありません。人が立てる空間などないはずなのに。

もう何回も、顔を覚えるほどハッキリと、そのおばさんに部屋を覗かれているそうなのです。

「……それ、お化けじゃないの？　引っ越した方がいいんじゃないの？」

とはいえ、A子の口ぶりは冷静でした。幽霊を怖がっているというより、近隣トラブルで迷惑しているだけ、といった感じなのです。

どうも彼女は、おばさんを「生きた人間」としか考えていないようでした。

どこかから来たイカれたおばさんが、なぜか知らないけど、自分の部屋を覗いてくる。わざわざ窓の上にしがみついて、宙にぶら下がって、こっちを観察してくる。何度も何度も何度も……。それが気持ち悪いんだよね、と。

「その証拠に、ほら」

と、彼女は窓を開けて、上の方を指さしました。そこには金属性の雨どいが壁に沿ってとりつけられていたのですが。

その雨どいは、真ん中のところでぐにゃりと折れ曲がっていたのです。

「いつもここにしがみついて、ぶら下がってるんだろうね」

＊　＊　＊

これまたなんとも奇妙な話だ。

確かにこの情報だけでは、人間か幽霊かの判断をつけることはできない。

しかしおばさんが人間であったにせよ、なぜそんなバカげたマネをするのだろうか。またA子も、なぜ警察に通報しないのか、そもそも物理的に雨どいにぶら下がり続け、窓を覗き続けることなどできるのかどうか……などの謎は残る。

なんとも奇妙ではあるが、怪談としては小粒なことには違いない。多くの読者にとっては、さほど印象にも残らないエピソードだろう。

しかし私自身は、この話を聞いて、心の底から震え上がった。

西八王子と高尾の間にある公営団地。その中の、こじんまりした小さな号棟。

それはまさしく、私が生まれ、数年に渡り住んでいた家に違いないからだ。

もちろん私に、新生児の頃の記憶はない。ただその後も近隣エリアにしか引っ越していないため、「生家」の前を通り過ぎる機会は、何度となくあった。

今でもあの周囲の風景を、ありありと覚えている。鉢植えや植栽の緑が小道にまではみだしていて、それに沿って薄汚れた白壁の、二階建ての建物群が並んでいる……そんな景色。

マンモス団地であるため、低層棟だけでも複数あり、A子の部屋が私の「生家」と一致するかどうか正確にはわからない。しかし少なくとも、私が生まれ育った区画、半径十メートル以内の話であることには違いないのだ。

軽い気持ちで「窓から首ひょこひょこ女」を取材していたら、自分の出生と交わってしまった……。この気味悪い偶然は、いったいなんなのだろう。

とはいえ時期については、A子と私が住んでいた期間は被っていない。

熊田さんによれば、先述の体験談は一九八九年の出来事だったという。

私の家族はその時、そこから車で十分ほどの家に引っ越していた。

そして自分が生まれ育った団地に「窓から首ひょこひょこ女」が出没していたまさにその時、私はまた別の「女」に震えあがっていたのである。

私と同年代の子どもをさらい、次々に殺していた「今田勇子」という女を。

いや、私だけではない。日本中の子ども、大人までもがこの女を怖れていた。

子どもたちだけで外出するなどもっての他。このままなら一九八九年の夏休みは台無しになるところだった。

とはいえ「今田勇子」の正体は、夏休みに入って三日目にして明らかとなった。

あの人さらいが逮捕されたからだ。私の家の近くで、私と同い年の幼女にイタズラしようとしたところを、大人によって取り押さえられたからである。

それが「宮崎勤」という男だったのは、誰もが知るところだろう。

――しかし、と私は思う。

私たちを恐怖のどん底に落とした「今田勇子」という女は、宮崎勤の死によって消え去ったのだろうか。

宮崎とは別の犯人がいるのでは……などという陰謀論を説きたいのではない。

あの怖ろしい女は、異界からたびたび、こちら側へとやってくる存在なのではないのだろうか。

三十年の時を経て、あの女は、また私の故郷に戻ってきたのではないだろうか。

「窓から首ひょこひょこ女」となって――。

下水道　その1

本書の読者であれば、おそらく周知のことだろうけれど。

建設・工事・土木関係の業界内では、数多くの「業界怪談」がささやかれている。

先日、私が聞き及んだのは「下水道工事」にまつわる諸々のエピソードだ。

話を聞かせてくれたのは、長年に渡って建設業に携わる人物である。とはいえ、その女性は下水道業界の人間ではない。彼女が懇意にしている、某下水道整備会社の社員（以下、スズキ君）から聞き及んだ話を、先方の了承をとった上で、私に伝えてくれたのである。

つまりこれは間接的な取材であり、私がそれぞれの実体験者に逐一取材をした訳ではないことを、まず告白しておく。

なので本稿については、下水道関連の知識の不備もあるかとは思う。その点、業界関係者や怪談マニアの読者諸氏にご理解を賜った上で、読み進めてもらいたい。

ただし非常に興味深い話であることは保証できるので。

スズキ君が勤めているのは、下水道の工事や整備を行う会社だ。

もちろん詳細は書けないのだが、国道沿いの大きな下水道を担当する、それなりに大きいところだとは言っておこう。スズキ君はそこで、現場の作業員ではなく、統括管理の部署についている。

上下水道は、歩道の下を通っているらしい。まずU字溝に雨水を溜めて、それを下に流して、合流したところをまた下に……という風に、どんどん管が大きくなっていく。

だから地下ずっと深くの下水道は、人間が余裕で通れるサイズになっているのだ。

それら管・水路は、古くなれば補修しなくてはならないが、その前に会社の作業員が点検で入る。

まだ新人だった頃のスズキ君も、現場研修として点検作業に立ち会ったことがある。

先輩たちと計四名で、暗く深く、大きな下水道へと潜っていった。

とはいえ、素人同然のスズキ君に出来ることはほとんどない。言いつけられた用具を手渡すことくらいで、先輩たちが各ポイントをチェックしている間は、手持ちぶさたの状態である。

周囲は、自分たちの照明と作業音の他、光も音もない世界。そこでなにげなく後ろを振り向いてみたところ――。

十メートルほど奥。道がT字路になっているところがあるのだが、その分岐部分に、ライトの明かりが揺らめいていた。

続いて、パシャパシャという水音。誰かが、水の通る部分を歩く足音である。

なんだろうと思って注視していると、片手に照明器具をぶらさげている作業員が歩いてきた。

細長いランタンのような形をした、電動工具メーカー「マキタ」のワークライトである。

その光に、作業服や安全靴がはっきり照らされている。しかしライトが下向きになっているためか、顔は黒い影となってよく見えない。

そんな男が、T字路の分岐まで来たところで、ピタリと立ち止まった。

「あ、すいませ～ん！」と、こちらに向かって呼びかけてくる。

「あの、こっち来てくれませんか？　作業ありますんで！」

その声が、下水道内に反響する。

（今日は別の班と手分けしていないはずだけど……誰だあの人？）

スズキ君が先輩たちの方を振り向いたところ、その三人はなぜか無反応のまま、作業を滞りなく続けている。

「すぐ終わりますので！　ちょっと一人、こちらのヘルプいいですか～！」

男の声が聞こえていないはずがない。しかし先輩たちは顔すら上げず黙々と、その呼びかけを無視している。

(え、え、どうしよう)

スズキ君は対処に困ったまま、前後を見渡した。「あちらに行った方がいいですか?」と尋ねてようともしたが、それすら躊躇《ためら》われる空気だったのだ。

(もしかしてあの人、職場で嫌われて、ハブられてるのかな)

なにも言えないままオロオロしているうち。

「よし休憩。一回あがろうか」

昼休憩にはまだ少し早かったが、先輩たちと一緒に上にあがる。


そのまま外に出たところで、スズキ君は意を決して質問をぶつけてみた。

「さっきの人……下に残してるけど、いいんですか」

すると先輩たちは口々にこう返してきたのである。

「お前、あいつは違うからな」「あれは反応しちゃだめなんだよ」

「え、なんでですか」

「お前、あいつの立ってたところ、T字路に見えてただろ? それは俺たちもなんだけど、分かれ道に見えてたよな？」

訳もわからず、黙ってうなずく。

「そもそも、あそこは分岐なんてしてないから」

あいつの立っているところは、いきなり通路が途切れているんだ。すとんと十数メートル下に落ちる、崖というか穴というか奈落みたいな……。

役所の図面でもそうなってるから、次に入ったら、落ち着いて確認してみろ。

「……じゃあ、さっきの人ってなんなんですか」

「それは、俺たちもわからない」

でも、下水道工事してると、たまに、ああいうやつが出てくるんだ。

「だから、知らない奴からこっち来てくれ、と言われても無視するんだぞ」

とにかく「あいつら」の見分け方は二つある。

ひとつは、その顔がまったく見えないこと。

そして同じ作業員だったら、逆にこちらに呼べば来るはずだ。しかし「あいつら」はいくら呼んでも、絶対に近づいてくることはない。

「こっちからは絶対に、絶対に行くなよ。行ったら、間違いなく下に落ちるから。そうしたら、もう助けられないからな」

さきほどの、崖のようにストンと落ちる穴は、まだマシな方なのだという。下水道というのは、水流をそのまま直下に落とすと壁に負担がかかってしまう。だから、らせん状の穴になっているところも多い。

そこに落ちたら、もう絶対に引き上げられない。

死ぬのは当然だ。それどころではなく、死体がほぼ見つからない。ごく稀に、しばらく経ってから神田川の河口などに漂着することもあるが、それが最上級の幸運だと思わなくてはいけない。

「建設事故ってのは、高所から落ちた、機械に挟まれたってのをよく聞くけど……下水道の事故も悲惨だぞ」

真っ暗闇の中を、一人ぼっちで、ひたすら流されていくだけ。

そうして死んだ人々の体は、まだ地下深くをさまよっている。

だから、その人たちの念がこりかたまって、「あいつら」を作り上げているのではないか。

どうにかして、仲間をひきこみたいと願っているのではないか。

しかも「あいつら」は厄介なことに、新人など事情の知らない人間が現場にいる時に出てくる。

しゃべり方もまったく普通の、関係者らしき口調。声の響きだって遠近感だって、まったくもってリアルなのだ。

「いきなり耳元でささやいたらバケモノだってわかるけど、そういうヘマはいっさいしない。あいつらは遊びで脅かそうとしてるんじゃないんだな。なんとかして必死に——死んだやつが必死っていうのも変だけど——生きてる人間を、自分と同じ穴の下にひきずりこみたいんだ」

そんなことをスズキ君が教えてもらったのが、もうずいぶん前のことになる。

下水道　その2

それから年月が経った。

もともと事務方として就職したスズキ君は、すぐに現場作業から離れ、全体の統括管理を担っていくようになる。

人員をまとめる役職なので、社内・社外を問わず、あちこちから色々な情報が入ってくるのだが。

やはり「あいつら」と作業員が出くわす事態は、いつまでたっても頻発しているらしい。

そうした体験談を何度も何度も聞くうち、それなりにパターンが見えてきた。

「あいつら」は、いつも通路の奥の方からくる。スズキ君自身の記憶とそっくり同じように、最初はライトの光がきらめき、次に足音が響く。

そして作業着が見えて、必ず片手にマキタのワークライトを持っている。

手をぶらぶらさせながら歩いてきて、少し離れたポイント——つまり深い奈落のそば——で立ち止まる。

そうして直立している時も、手はぶらぶらと揺れている。だからライトも揺れる。それにつれて、足元も照らされる。作業服や安全靴の見え方も、光の揺れ方も、まったく自分たちと変わるところなくリアルなものだ。

ただひとつだけ、おかしなところがある。それは揺れ動くライトの光が上に向いても、いつも胸から上は影になっているのだ。

絶対に「あいつら」は顔を見せない。年齢や背格好などは様々で、声色も状況によって変わっているようだ。それらは本当に普通の人間そのものなのだが、顔が見えないところだけが、我々と違う。

「そこが見分け方だから気をつけろ」

確かにあの日、先輩たちから言われた通りだった。

そんな中、スズキ君のもとに奇妙な報告が入ってきた。

会社の敷地内に、粗大ゴミの廃棄場として使っているスペースがある。廃材や壊れたパイロンなどを積んでおくと、定期的に業者が引き取ってくれる仕組みになっているのだ。

そこに最近、明らかに工事とは関係ないものが放置されている。椅子やテーブルやカラーボックス、テレビ、本、食器、衣服などなど……家財道具がまる一式捨てられている、というのだ。

いったい、どういうことだろう？　昔、借金で首の回らなくなった作業員が、社員寮から夜逃げしたというのは聞いたことがあるが……。

スズキ君が社内調査してみたところ、確かにそれは一種の夜逃げの産物だった。

「それ、トクダさんの荷物ですよ。あの人、いきなり東京からいなくなっちゃって……」

出てきたのは、威勢がいいことで有名な中堅社員の名前である。ある日、寮の部屋に家具からなにからすべて残したまま、忽然と消え去ってしまったのだという。そこで寮の管理人が整理のため、仕方なく荷物を一時移動させていたとのことだった。

トクダについてはその後、本人から会社へと連絡があり、退職願いも受理されていた。どうやら故郷のT島へ帰って、家業を継ぐことにしたそうだ。

そうした事実関係は判明したものの、なぜトクダが急に仕事を辞め、東京から逃げるように去っていったのか、という謎は残る。

不審に思ったスズキ君は、さらに社内で情報を集めてみた。

そこで出てきたのが、また「あいつら」だったのだ。

少し前、やはり新人の子がいた作業中である。

「お～い、こっち来てくださいよ～」

例の人影が、遠くからそう呼びつけてきた。

皆、黙って無視しているのだが、

「お前がこっち来いよ！」

トクダだけが、大声で返事をし続けていた。


彼はいつも、そうやって「あいつら」を挑発していたらしい。

元々が攻撃的な性格ということもあり、中堅クラスの年季にもかかわらず、そうした行為をやめようとしない。「いいから無視しておけ」と周りの先輩たちが注意しても、いっこうに意に介さない。

「いいからそっちが来いよ！」「おい、来てみろよ！」「ビビッてんのか！」

などとからかっているうち、「あいつら」の方もぴたりと黙り、そのまま去っていくことが多いのだという。

「だから退散させるためにやってんすよ。いいじゃないですか」

そう、先輩たちにもうそぶいていたようだ。

ただ、その日のトクダは、いつにもましてヒートアップしていた。

もうすっかり「あいつら」に慣れきったからなのか、たまたま鬱憤が溜まっていたのか。

「おら、黙ってんじゃねえよ！」

と怒鳴りつけながら、向こうへどんどん近づいていくではないか。

もちろん、その近くに穴があることは、トクダも把握している。

二メートルほど手前でストップしたトクダは、持っていたライトを目の前にかざした。

突然の事態に、他の作業員たちが息を呑んでかたまる。

人影は、無言でじっと立ちつくしている。

沈黙の中、パシャリ、と水音が鳴った。

ライトをかざしたトクダが、さらに一歩、向こうへ近づいたのだ。

「うわあああああ！」

次の瞬間、絶叫をあげたトクダが、こちらに駆け戻ってきた。

皆が呆気にとられているうち、いつのまにか人影は消えていた。

それからトクダは、いっさい現場に来なくなった。

寮の自室に閉じこもり、がくがくと震えていたらしい。

「あいつら」の顔を見たショックですっかり怯えてしまったのだろう、と周囲の同僚たちは噂した。

スズキ君は、その中でもトクダと親しかった同僚を探し当てることができた。上級クラスの職長とともに、彼にヒアリングしてみたところ。

心配して見舞いに行ったトクダの様子は尋常ではなかったという。

「あいつが来るかもしれない」「下水道から地上まで追いかけてくるかもしれない」

とにかく自分が顔を見た「あいつ」に追跡されることを、とことん恐れていたらしい。

あいつは来ようと思えば、自分のいる部屋の中まで、すぐに来れてしまう。今この瞬間に、すぐ近くの下水管まで来ているかもしれない。

あいつのことを思い出したとたん、台所の排水口から、洗面台の管から、トイレの中から、あいつが顔を出すかもしれない。

——だからもう、東京になんていられない。

それが、夜逃げ同然で逃げた理由のようだ。

なるほど。自分が顔を見た「あいつ」の近くには、いたくなかったんだろう。

「でも、いくら実家があるとはいえ、T島なんて離島まで逃げなくてもよかったんじゃないか？」

なんだかんだいって、トクダは熟練の職人だ。この業界では、引く手あまたのはずである。大阪でも福岡でも仙台でも、さらにもっと地方であろうと、どこでだって高給で雇ってくれるはずだ。

「いや、それじゃあダメみたいです」

トクダの同僚は、そう答えた。

「あいつ言ってましたよ。『全部、つながっているから』って」

本州も四国も九州も北海道もダメだ、あいつがその気になれば追いかけてこられる。

なぜなら下水管は、すべて繋がっているから。

どんなに遠くても、どこかのルートをたどれば、日本全国どこへでも通じてしまう。

トクダは仕事柄、そのことを熟知していた。

下水道の網が、完全に途切れているところまで逃げなくてはいけない。

それには、インフラが独立している離島しかなかったのだ。

「……でもなんで、あいつらは顔が見えないんでしょうね？」

ヒアリングを終え、その同僚を帰らせた後。

スズキ君は、一緒に話を聞いていた職長に、ぼそりと呟いた。

「服も声も人間そっくりだし、透けてるとか色がないとか、そんなことないんですけどね」

「たぶん、顔だけはどうしようもできないんだな」というのが職長の意見だった。

「どれだけがんばって、人間に似せてこさえても、顔だけは無理なんだろう。顔だけは、俺たちにバレるんだろう、ごまかしきれないんだろう。だから、見えないようにしてるんだろうな」

そしてトクダの様子からして、その「顔」は、見た瞬間に心の底から震え上がるほどのものなのだろう。


昨今はゲリラ豪雨も多くなったので、ある程度以上の雨量では作業中止するなど、安全基準も厳しくなった。事故の数も減っていることだろう。

しかし無数に張り巡らされた下水道の中を、まだ「あいつら」はさまよっているはずだ。

いや、下水道の中だけではない。

雨の夜の道路にだって、我々の家の台所やトイレにだって、どこにいつ出没するかわからない。

なにしろ「全部、つながっている」のだから。

おーいおーいのおじさん

爽やかに晴れた、ある秋の昼下がり。

ナオトの運転するレンタカーは、神奈川の県道を軽快に走っていた。

助手席に乗っているのは恋人になったばかりのスミコ。二人が交際して、初めての長距離ドライブデートである。

まだお互いの意思をはっきりと確認した訳ではない。ただ自分たちの年齢からして、結婚を前提とした付き合いになるだろうと、ナオトは感じていた。

それもこれも、今回のデートにかかっているのかもしれないが。

ところでナオトは怪談好きだ。

今日のドライブ中も、友人やネットから仕入れた怪談・都市伝説をぺらぺらと語り続けた。スミコもそれを聞いて、嬉しそうに頷いている。彼女の聞き上手な面こそ、ナオトのお気に入りのポイントだった。

しかし東名高速を降りる頃には、ナオトの手持ちエピソードはすべて尽きてしまっていた。

「そういえばスミちゃんはさあ、なにか怖い体験とかないの？」

この機会に、ふだん自分語りをしないスミコに水を向けてみた。

「え、怖い話⁉　う〜ん、そういうのはあんまり……」

悩みながら眉をひそめた彼女だったが、すぐにぱあっと笑顔になって
「あ！　でもね！　他の人とはちょっと違う、不思議な出来事ならあるよ」

こんな思い出を、語りはじめたのである。


スミコは中学校の修学旅行で、京都を訪れたことがあるそうだ。

二泊三日のスケジュールで、二日目は班行動がメインとなる旅程。

男女四人のグループに分かれて別行動し、事前に計画していたスポットを見学する。

全行程を終了した班から、これまたあらかじめ決めておいた各班ごとの集合場所へと出向く。そこで時間まで待っていると、旅館へと帰るバスが拾ってくれる、という流れだった。

ただスミコの班は、行程がスムーズに進みすぎてしまった。

確か、伏見稲荷の辺りだったろうか。すべての見学を終え、スミコたちが集合場所に着いたのは十六時過ぎのこと。バス到着の十七時まではまだまだ時間がある。

同じ待ち合わせ場所を使う班は他にもいるが、さすがに自分たち以外は誰も来ていないようだ。

「まあいいよ、ここで時間まで待ってよう」

手持ぶさたのまま、四人で他愛ないおしゃべりを続ける。踏切が近いため、数分ごとに警報機が鳴り響く。

カーン、カーン、カーン……

ふと、その音に混じって、なにやら人の叫び声が聞こえてくるような気がした。

……ーい……ーい……

なにげなく辺りを見渡す。すると踏切の向こう側で、一人のおじさんが、こちらに向かって大げさに手を振っている姿が見えた。どうやら、彼が声の主のようだ。

「おーい！　おーい！」

色黒でスキンヘッド、上はランニング一丁でひょろりと痩せた中年男性。「日焼けした井出らっきょ」みたいなのが、満面の笑みでこちらに手を振り、呼びかけている。

こういう時、男子は女子にいいところを見せたいものだ。特に今のような旅行中は。

「おーい！　おじさん！　おーいおーい！」

男子二人は、ふざけて手を振り返したのである。

「もう……ちょっとやめなよ」

スミコたちが注意するうちに、踏切は下がっていった。すぐに電車が通りすぎていくのだが、反対方向からまた別の電車がくるので、踏み切りはそのまま。

そこで奇妙なことが起こった。

スミコが一瞬だけ目をそらし、また踏切に目を戻すと。

「おーーい！　おおおーーい！」

あのおじさんが、いつのまにかこちら側に立って、手を振っているのだ。もちろん一秒たりとも遮断桿《しゃだんかん》は上がっていないし、電車の往来だって通り抜けるほどの余裕はなかったはずだが。

他の三人もギョッとした様子だったが、男子たちは途中で勢いを止めることもできず、

「お、おーい！　おーい……」

そのまま手を振り返していた。

「やめなってば」

二人の腕をつかみ、こちらに振り向かせる。男子たちは苦笑いのように、はにかんでご

まかす。わずか二、三秒のことだ。

しかし気がつくと、おじさんがいつのまにか自分たちのすぐ近くまで寄ってきていた。

「ひっ」と隣の女子が声をあげた。男子たちはさすがにひるむ訳にもいかず、震える声で「え、おじさん、なんなの？」と話しかけた。

するとおじさんは、大きな目をぎょろりとむいた笑顔で、こんなことを聞いてきた。

「明日は清水寺いって、嵐山いく？　明日は清水寺いって、嵐山いく？」

制服を着ているので、修学旅行の学生であることはわかるのだろう。とはいえ実際の予定は違うので、とりあえず否定しておくしかない。

「いや、行かないけど……」

おじさんはニコニコしながら、無言でうなずいていた。

そうこうしているうち、他の班の生徒たちも集まってきた。その子たちに話しかける名目で、おじさんのそばからそそくさと立ち去っていく。

その後すぐに到着したバスへと、四人は無事に乗り込むことができた。しかしその間もおじさんは「おーい！　おーい！」と手を振り続けていたのである。

「ねえ、さっきあそこに変なおじさんがいてさあ……」

周りの子に先ほどの出来事を報告しようとしたところ、「静かにして」と、引率の教師に制された。

「ちょっと皆に報告があるから」

教師によれば、いま拾ってもらったバスは「仮のバス」なのだという。初日、二日目と乗っていたバスが交通事故を起こし、来れなくなってしまったからだ。色々な事情でバス会社そのものを変更することになり、そのせいで三日目の見学ルートも変わってしまう。

つまり、まず清水寺にいき、そこから嵐山に移動する——とのことだった。


翌日は全体行動だったが、見学時は班ごとのグループにまとまって動く。

奇妙な偶然に胸騒ぎを覚えながら、スミコたちが清水寺の境内を散策していると。

「おーい！　おーい！」

聞き覚えのある声が、遠くから響いてきた。人混みの向こうに目をやれば、明らかにお坊さんではない、黒いスキンヘッドの男が見える。

「あのおじさん……うちらをつけてるんじゃない？」

気持ち悪いことこの上ない。絶対に反応しちゃダメだと四人で示し合わせ、視線すら向けないようにする。

しかし次の嵐山に行っても、同じことだった。

渡月橋《とげつきょう》を渡っていると、ずっと後ろから例の「おーい！　おーい！」が聞こえてくる。

周囲の目も気にせず、おじさんは大声をあげ、一生懸命にスミコたちへと手を振り続けている。

「無視、無視……」

しかし今から考えてみれば、おじさんはどうやって自分たちの行動を把握していたのだろう？


その日は最終日なので、夕方前には帰りの新幹線に乗り込むこととなる。

京都駅のホームで待っている時も、おじさんは現れた。線路を挟んだ向こう側のホームから「おーい！　おーい！」と叫んで手を振っているのだ。

「うわあ……またいるよ」

うんざりしながらも、気づかないフリ、聞こえないフリを続ける四人。

しかしふいに気づくと、おじさんは自分たちのホームの奥の方に立っている。どうやってこんなに速く移動したのか、という点については、もう今さら気にもならなくなっていた。

「おーい！　おーーい！　おおおーーーーい！」

必死に目をそらしているうち、どんどん距離は近くなり、ついにスミコたち生徒集団のすぐそばまでやってきてしまった。

冷や汗をかきつつ、ちらちら横目でうかがうと、おじさんは線路の関東方面を指さしながら
「片道？　片道？　片道？　片道？」

と、しつこく呟いてくる。

ようやく到着した新幹線に、四人は急いで乗り込んだ。しかし席に座るなり驚いた。

あらかじめ彼らの座席を知っていたかのように、おじさんが窓ガラスに顔をぴったりくっつけ、こちらを覗いていたのだ。

なぜか駅員がいっこうに注意しないのをいいことに、大きく目を見開いたおじさんが、ガラス越しに口をパクパク動かしている。おそらく「かたみち、かたみち」と言っているのだろう。

新幹線が動き出した時には、もう四人ともぐったりと疲れ果ててしまった。

「ねえねえ、あんたたちさあ」

そこでクラスメイトの一人が、後ろの席から身を乗り出しながら声をかけてきた。

「さっきから様子がおかしいんだけど。なんでそんなにバタバタしたり内緒話してんの

よ？」

よくぞ聞いてくれたとばかり、スミコたちはおじさんへの文句や恐怖をべらべらとまくしたてた。しかしクラスメイトの方は、なにを聞かされているのかさっぱりわからない様子。

「はあ？　そんなおじさんなんて、どこにもいなかったじゃん。大声だしてる変態がいたら、うちらも先生も気づかないはずないでしょ」

それから十日ほど経った頃、学校の掲示板に、修学旅行の時の写真が貼り出された。同行したカメラマンが、行く先々で撮ってくれたものである。

しかしスミコの班だけ他の班に比べ、貼り出された枚数が明らかに少ない。

もちろん、数枚ある全体集合写真にはスミコたちの姿も見える。しかしその他は、いくら自分たちの写っているものをピックアップしようと見返してみても、ほぼ皆無となっていたのだ。

さすがにスミコたちは不満を漏らした。特に男子二人の母親が、学校側に猛烈なクレームをぶつけたらしい。

どういった経緯を経たのか詳細はわからない。しかし最終的には、スミコたち生徒四人とそれぞれの母親、そしてクラス担任とカメラマンといった面子で、説明会が開かれることとなった。

「もちろん撮影もしてますし、データも残ってます。今日のために幾つかプリントアウトしてきましたけど……これは見ない方がいいと思いますよ」

カメラマンはそう言って、会議室のテーブルにA４サイズの封筒を置いた。

彼いわく、業界の暗黙のルールとして、行事で生徒を撮った際、「適切ではない」と思われる写真は、カメラマンの独断により、データを消すことがあるそうだ。今回もそのような理由で、学校側に確認した上で、いったん掲示するのは控えておいた。

「それでも見ますか？」

その問いに頷いたスミコたちだったが、封筒から出された十点ほどの写真をみて、全員がギョッとしたのである。

京都の寺社や観光地を歩く、スミコたち。彼らが単体に近いかたちで写っているものもあれば、十人ほどの生徒に混じっている写真もある。

だがそれらすべてに、あのスキンヘッドのおじさんが写っているではないか。

いずれの写真でも、こちらをじっと見つめて笑いかけているおじさんが、それなりの近距離で捉えられている。なぜカメラマンもスミコたちも、撮影時に気がつかなかったのか不思議なほどだ。

いや、本当の問題はそこではない。

これは確かに、あのおじさんだ。全体としては「日焼けした井出らっきょ」のような、旅行中に見たあの姿であることには違いない。

しかし写真の中のおじさんは、顔の各パーツが異常なまでに歪んでいるのだ。

左右の目の大きさが違う。誤差の範囲どころではなく、片目だけ顔の半分ほども大きくなっていたりする。しかもどの写真でも、黒目が左右違う方向をむいている。

そして必ず、舌をべえっと長く垂らしている。その舌は胸を越え、腹を越えて伸びており、どう見ても人間業ではない。画像によっては、地面にまで垂れ下がっているほどだ。

「これでもごく一部ですよ。この子たち四人の誰かがいる写真は、ほとんど必ず、こんなものが写りこんでいるので……」

いったいどうしましょうか……と聞かれたが、スミコたちも母親たちも、何も答えられず凍りついてしまったのである。

「……おい、なんだよ、その話」

ナオトのハンドルを握る手は、冷たい汗でじっとりと濡れていた。

まさかスミコが、こんな体験談を隠し持っていたとは。

「別に隠してた訳じゃないよ。今聞かれたから、ああそうだ～って思い出しただけで」

「いや……なにものなんだよ、そのおじさん。っていうかバケモノだろ、そんなの」

「わかんない。あ、でも、もうひとつ言い忘れてたけど」

例の修学旅行の、帰り道のこと。

スミコの家も中学校も神奈川なので、新幹線は新横浜駅で降りることとなる。ちょうど夕方を過ぎた、退勤ラッシュの時間である。新幹線の改札を抜けると、ＪＲ横浜線へと往来する人々で構内は混雑していた。

「その人混みの向こうに、おじさんがいた」

あのおじさんがにっこり笑いながら、「おーい！　おーい！」と、こちらに手を振っていたのだ。

「はあ？」

ナオトはすっとんきょうな声をあげてしまった。

「え？　じゃあ、おじさん、ついてきちゃったってこと？　え？　なに？　それって大丈夫だったの？」

そうだね～とスミコは微笑んだ。